“Barriga llena, corazón contento”

„Mit vollem Bauch ist das Herz zufrieden.“

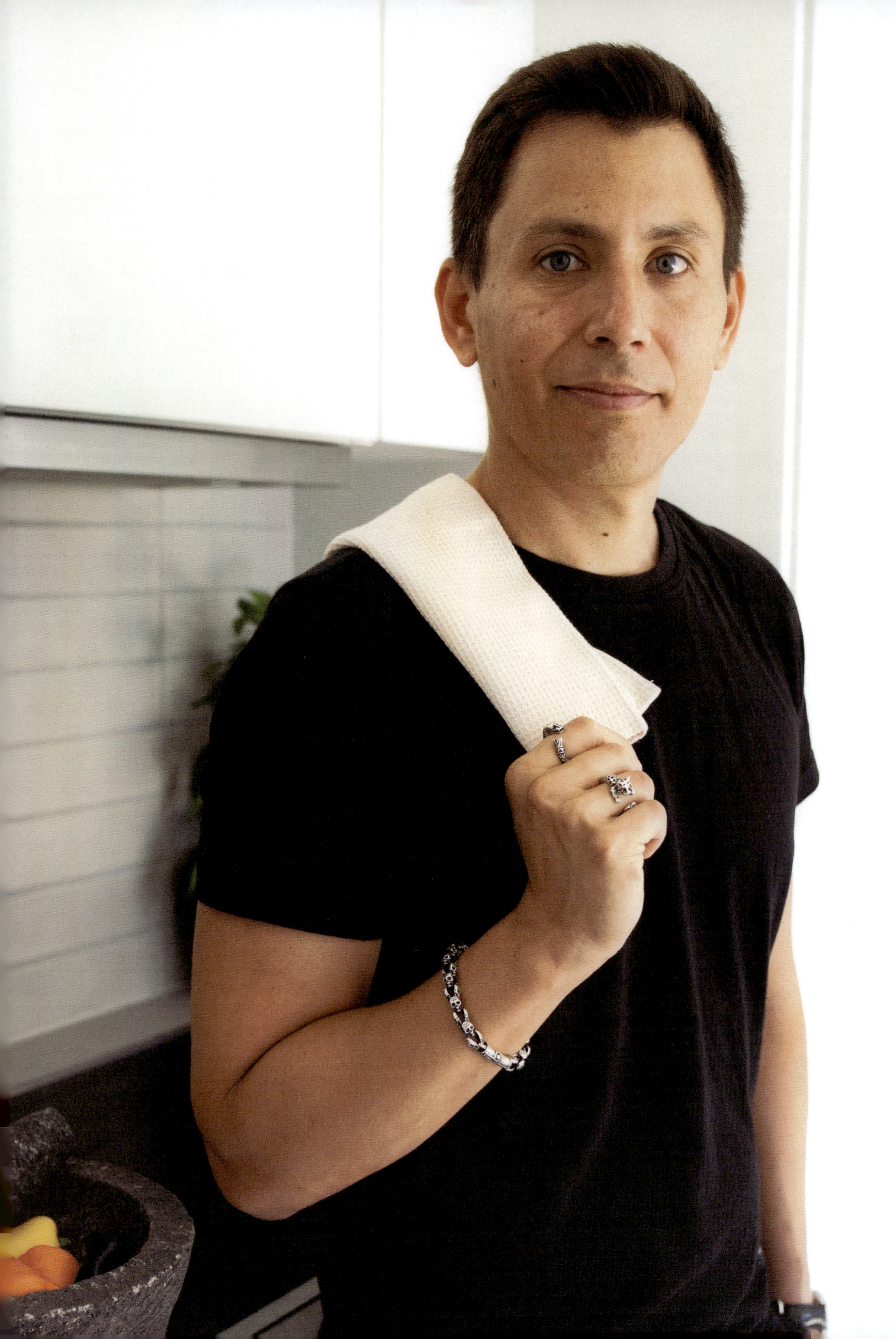

WIE ENTSTAND DIESES BUCH?

¡Hola Familia!

Kennt ihr das Gefühl, wenn euch ein bestimmtes Gericht nicht nur satt macht, sondern für einen kurzen, magischen Moment in die Kindheit zurückversetzt? Plötzlich ist man wieder acht Jahre alt, sitzt bei seiner Familie am Tisch und schmeckt das Glück in jedem Bissen seines Lieblingsgerichts. Ein Gefühl von Zugehörigkeit, Freude und Geborgenheit umhüllt einen. Genau dieses tiefgreifende, nostalgische Gefühl löst die mexikanische Küche in mir aus. Seit ich vor einigen Jahren Mexiko verlassen habe, um mein neues Leben in Deutschland zu beginnen, sehne ich mich oft nach den sonnigen Sonntagen zurück, nach dem Zusammensein mit meiner Familie, unseren Traditionen und natürlich dem köstlichen Essen.

Aber beginnen wir am Anfang. Mein Name ist Mathyas, doch unter Freunden bin ich als Señor López bekannt – ein Spitzname, den ich mit Stolz trage. Tatsächlich bekam ich ihn von Kollegen meiner ersten Arbeitsstelle in Deutschland, denn den Vornamen Matthias gab es dort öfter – um uns leichter zu unterscheiden, wurde ich von allen fortan Señor López genannt.

Wie mein Nachname andeutet, wurzeln meine Ursprünge tief in Mexiko, dem Land meiner Geburt und meiner Kindheit. Mit 18 Jahren zog es mich zum Studium nach Deutschland, und obwohl ich mich schnell in meine neue Heimat und ihre Menschen verliebte, spürte ich eine große Leere – eine Sehnsucht nach den Aromen und Geschmäckern, mit denen ich aufgewachsen bin.

Meine Leidenschaft für das Kochen, und die Entwicklung neuer Rezepte wurde nicht nur zu meinem Beruf, sondern auch zu meiner Berufung. Meine Reise führte mich zur veganen Lebensweise, und mit der Zeit stellte ich mir selbst die Herausforderung, die traditionellen Rezepte meiner Heimat zu „veganisieren". Dieses Buch ist das Ergebnis dieser Mission – eine Sammlung von Rezepten, die nicht nur vegan sind, sondern auch die Essenz der mexikanischen Küche einfangen.

Ich lade euch ein, mit mir gemeinsam auf eine kulinarische Reise zu gehen – eine Reise, die von den tiefen Traditionen Mexikos inspiriert ist und durch eine moderne, vegane Linse betrachtet wird. Eine Reise, die nicht nur den Gaumen, sondern auch das Herz berührt, voller Farben, Lebensfreude und unvergleichlicher Würze. Lasst uns zusammen die Wärme und das Gefühl von Zuhause neu entdecken, egal wo auf der Welt wir uns gerade befinden.

In diesem Sinne: ¡Buen provecho! Lasst es euch schmecken!

WAS MACHT DIE MEXIKANISCHE KÜCHE SO BESONDERS?

In Mexiko sind Essen, Trinken und die pure Lebensfreude untrennbar miteinander verbunden, wobei die mexikanische Küche eine farbenfrohe Palette an Aromen und Texturen bietet und im Zentrum gesellschaftlicher Zusammenkünfte steht. Sie ist ein integraler Bestandteil der kulturellen Identität Mexikos und spiegelt sowohl die Vielfalt seiner Landschaften und Klimazonen als auch das reiche Erbe seiner Völker wider.

Ein UNESCO-Weltkulturerbe, das Geschmack und Kultur vereint

Die Anerkennung der mexikanischen Küche als immaterielles Weltkulturerbe durch die UNESCO im Jahr 2010 ist eine Würdigung ihrer geschmacklichen Vielfalt und tiefen kulturellen Bedeutung. Diese Küche, eine harmonische Fusion aus präkolumbischen und spanischen Einflüssen, basiert auf Grundnahrungsmitteln wie Mais, Bohnen und Chili. Sie wird von Generation zu Generation weitergegeben und stärkt das Gemeinschaftsgefühl sowie die kulturelle Identität, indem sie Menschen durch kulinarische Feste und Traditionen zusammenbringt. Die mexikanische Küche ist somit mehr als nur Essen; sie ist ein lebendiges Erbe, das die Essenz der mexikanischen Kultur und ihrer sozialen Bindungen verkörpert.

Essen: Ein Fest der Vielfalt

Die mexikanische Küche ist für ihre Vielfalt bekannt und reicht von einfachen, würzigen Straßensnacks bis hin zu komplexen Gerichten, die mit viel Zeit und Sorgfalt zubereitet werden. Wichtige Zutaten wie Mais, Bohnen, Chili, Tomaten und Avocados werden kreativ zu einzigartigen Geschmackserlebnissen kombiniert.

Tacos, Enchiladas, Mole und Tamales zeigen in ihren regionalen Varianten die Vielfalt der mexikanischen Küche.

Getränke: Viel mehr als nur Tequila

Obwohl Tequila und Mezcal die international bekanntesten mexikanischen Nationalgetränke sind, hat das Land eine beeindruckende Vielfalt an traditionellen Getränken vorzuweisen. Einige Beispiele sind „Horchata“, ein süßes Getränk aus Reis, Zimt und Zucker, „Agua de Jamaica“, ein erfrischender Hibiskustee, und „Pulque“, ein fermentiertes Getränk aus dem Saft der Agavenpflanze. Diese Getränke dienen nicht nur der Erfrischung, sondern spielen auch bei Festen und im Alltag eine wichtige Rolle.

Lebensfreude: Das Herz der mexikanischen Kultur

Lebensfreude ist in Mexiko allgegenwärtig und eng mit Essen und Trinken verbunden. Die Mahlzeiten sind oft fröhliche Zusammenkünfte, bei denen Familie und Freunde zusammenkommen, um nicht nur Essen, sondern auch Geschichten, Lachen und Liebe zu teilen. Feste und Feiertage werden mit einer Vielzahl von Speisen und Getränken zelebriert, wobei jeder Anlass seine eigenen kulinarischen Traditionen hat. Vom „Día de los Muertos“, an dem die Verstorbenen mit ihren Lieblingsspeisen geehrt werden, bis zu den lebhaften „Posadas“

im Dezember, mit denen die Weihnachtszeit eingeläutet wird, zeugt jedes Fest von der tiefen Verbundenheit der mexikanischen Kultur und ihrer Küche.

Die mexikanische Küche, ihre Getränke und ihre unverwechselbare Lebensfreude sind Ausdruck eines reichen kulturellen Erbes. Sie erzählen Geschichten von präkolumbischen Hochkulturen, kolonialen Einflüssen und der unermüdlichen Kreativität des mexikanischen Volkes. In Mexiko ist jede Mahlzeit eine Gelegenheit, zu feiern und das Leben in all seinen Facetten zu genießen. Mit diesem Buch möchte ich euch meine Geschichte und von meiner Liebe zu diesem Land, zu meiner Familie und zum mexikanischen Essen erzählen.

Die ABCs der mexikanischen Küche

Eines der schönsten Dinge an der mexikanischen Küche ist ihre Fähigkeit, einfache Zutaten in etwas Magisches zu verwandeln. Die Basis ist fast immer die gleiche, wir fangen mit Maismehl an, und doch entstehen daraus ganz unterschiedliche Gerichte. Von den klassischen Tacos bis zu den sättigenden Huaraches – jedes Gericht erzählt seine eigene Geschichte. Und das Beste daran? Sie alle lassen sich vegan zubereiten, ohne an Geschmack oder Authentizität zu verlieren.

Tacos

Beginnen wir mit dem Herzstück der mexikanischen Küche – den Tacos. Das sind kleine, gefaltete oder gerollte Tortillas, die mit einer Vielzahl von Füllungen serviert werden. Tortillas können aus Mais oder Weizen hergestellt werden, wobei in der traditionellen mexikanischen Küche meist Mais verwendet wird. Vegane Füllungen reichen von gegrilltem Gemüse über Pilze bis hin zu würzigen Tofu-Varianten. Das Schöne an Tacos ist ihre Vielseitigkeit. Es gibt sie nicht nur in unzähligen Variationen, auch jede Region Mexikos hat ihre eigene Spezialität.

Quesadillas

Quesadillas sind ebenfalls sehr beliebt und bestehen aus einer mit Käse gefüllten und gefalteten Tortilla. Für die vegane Variante können Käsealternativen verwendet werden. Die Quesadilla kann auch mit Gemüse, Pilzen oder einer veganen Proteinquelle gefüllt werden, um Geschmack und Nährwert zu erhöhen. Gebraten oder knusprig gegrillt sind Quesadillas eine leckere Mahlzeit zu jeder Tageszeit.

Huaraches

Huaraches sind nach den traditionellen mexikanischen Sandalen benannt, denen sie in ihrer Form ähneln. Sie bestehen aus einem dickeren Maisteig in Form einer länglichen Sandale und werden üblicherweise mit Bohnenmus, Salsa, Zwiebeln und anderen Zutaten belegt. In der veganen Küche können Huaraches kreativ mit einer Vielzahl von Gemüse oder veganen Fleischalternativen und Soßen belegt werden, um ein schmackhaftes und nahrhaftes Gericht zu kreieren.

Sopes

Die Sopes ähneln den Huaraches, sind aber kleiner und dicker. Die kleinen Scheiben werden an den Seiten rundum zusammengedrückt, sodass eine Art Rand entsteht, der die Füllung hält. Typischerweise werden vegane Sopes zuerst mit Bohnen gefüllt, dann mit veganen Fleischalternativen belegt und mit veganem Käse, Salsa und Avocado garniert. Sie eignen sich hervorragend als Fingerfood oder Vorspeise.

Enchiladas

Enchiladas sind gerollte Tortillas, die mit einer Füllung versehen, mit einer reichhaltigen, würzigen Soße übergossen und dann gebacken werden. Die Füllungen können von einfachen Gemüsevarianten bis hin zu komplexen veganen Fleischersatzmischungen reichen. Enchiladas sind ein wahres Festessen, das durch die Verwendung pflanzlicher Zutaten leicht an die vegane Küche angepasst werden kann.

Flautas

Zu guter Letzt gibt es noch die Flautas, die eigentlich frittierte Tacos sind. Sie werden samt einer Füllung zusammengerollt und dann bis zur Perfektion frittiert, bis sie außen knusprig und innen herrlich weich sind. In der veganen Küche können Flautas mit einer Vielzahl von Füllungen zubereitet werden, z. B. mit Kartoffelpüree, veganem Hackfleisch oder Bohnenmus.

Nixtamalisiertes Maismehl: Die Essenz der mexikanischen Küche

In der mexikanischen Küche spielt ein besonderes Mehl, das sich von herkömmlichem Maismehl unterscheidet, eine zentrale Rolle: das nixtamalisierte Maismehl. Es entsteht durch ein einzigartiges Verfahren, die Nixtamalisation. Dieser Prozess, bei dem der Mais in einer alkalischen Lösung aus Wasser und Kalk eingeweicht und anschließend gekocht wird, verwandelt den Mais in eine weiche und geschmeidige Masse. Die Nixtamalisierung verbessert nicht nur die Textur des Mehls erheblich. Auf diese Weise können auch die darin enthaltenen Nährstoffe vom Körper besser aufgenommen werden.

Als Grundlage unzähliger mexikanischer Gerichte wie Tortillas, Tamales, Gorditas und Sopes ist nixtamalisiertes Mehl unverzichtbar. In Deutschland ist dieses besondere Mehl in Lateinamerika-Läden oder online erhältlich, wobei Maseca als eine der führenden Marken gilt.

Herkömmliches Maismehl bietet hingegen nicht die nötige Konsistenz und kann somit die Struktur von Tortillas und anderen Speisen beeinträchtigen. Wo möglich, habe ich in meinen Rezepten auch alternative Mehlsorten verwendet.

Nixtamalisiertes Mehl ist mehr als ein Grundnahrungsmittel, es ist ein tief verwurzeltes kulturelles Symbol der mexikanischen Identität. Es verbindet uns mit den indigenen Traditionen und spielt bei Festen und im Alltag eine wichtige Rolle. Die von Generation zu Generation weitergegebene Kunst der Nixtamalisierung bewahrt die Traditionen und das kulinarische Erbe Mexikos und unterstreicht die Bedeutung der mexikanischen Küche weit über die Landesgrenzen hinaus.

EINE REISE DURCH MEXIKO

Mexiko, ein Land mit großer kultureller Vielfalt, spiegelt diesen Reichtum auch in seiner Küche wider. Bekannt für ihre intensiven Aromen und lebhaften Farben, verbindet die mexikanische Küche präkolumbische Traditionen mit spanischen und anderen kulturellen Einflüssen, die nach der Conquista eingeführt wurden. Die regionalen Variationen der Küche spiegeln die geografischen, klimatischen und kulturellen Unterschiede Mexikos wider. Hier einige kulinarische Highlights:

Norden

Im Norden Mexikos dominieren Fleischgerichte, besonders bekannt ist diese Region für „Carne Asada", ein gegrilltes Rindfleisch, das oft bei gesellschaftlichen Anlässen serviert wird. Eine weitere Besonderheit der nördlichen Küche ist die Verwendung von Tortillas aus Weizenmehl, die sich von den überwiegend aus Mais hergestellten Tortillas in anderen Landesteilen unterscheiden.

Zentrum

Die Zentralregion und insbesondere Mexiko-Stadt sind ein Melting Pot der mexikanischen Küche. Die Stadt ist berühmt für ihre Straßenstände, an denen Tacos, Quesadillas und Tamales verkauft werden. Puebla, eine andere Stadt in dieser Region, gilt als Geburtsort des „Mole Poblano", einer komplexen Soße aus Chili, Schokolade und vielen Gewürzen, die oft zu Huhn serviert wird.

Süden

Der Süden Mexikos, insbesondere Oaxaca, wird oft als kulinarische Hauptstadt des Landes bezeichnet und ist berühmt für seine sieben Moles, Käse und Mezcal. Die Küche von Chiapas spiegelt den starken Einfluss der Maya-Kultur wider, und Gerichte wie Tamales sind hier sehr beliebt.

Südosten

Die südöstliche Region, insbesondere die Halbinsel Yucatán, bietet eine ebenfalls stark von der Maya-Kultur beeinflusste Küche. Spezialitäten wie „Cochinita Pibil", im Erdofen langsam gegartes Schweinefleisch, mariniert in Achiote und Orangensaft, sind hier besonders beliebt. Die Küche von Veracruz an der Golfküste ist bekannt für ihre Fischgerichte, allen voran „Huachinango a la Veracruzana", ein Schnappergericht mit einer Soße aus Tomaten, Oliven und Kapern.

Westen

Im Westen Mexikos, in Jalisco, findet man nicht nur Tequila und Mariachi-Musik, sondern auch kulinarische Spezialitäten wie „Birria", ein scharfes Ziegenfleischgericht, und „Torta Ahogada", ein Sandwich mit scharfer Soße. Michoacán ist bekannt für seine „Carnitas", langsam gegartes Schweinefleisch, das in seinem eigenen Saft gebraten wird.

Jede Region trägt mit ihren einzigartigen Zutaten, Techniken und Traditionen zur unglaublichen Vielfalt der mexikanischen Küche bei.

Mexikanische und Tex-Mex Küche im Vergleich: zwischen Tradition und Fusion

Die mexikanische Küche und die Tex-Mex-Küche haben viele Gemeinsamkeiten, wie die Verwendung von Tortillas, Bohnen und scharfen Gewürzen, aber es gibt auch deutliche Unterschiede. Die mexikanische Küche konzentriert sich oft mehr auf frische, regionale Zutaten und traditionelle Zubereitungsmethoden, während die Tex-Mex-Küche eher reichhaltig und fleischlastig ist, oft mit großzügigen Portionen Käse und Soßen.

Mexikanische Küche

Die mexikanische Küche ist ein wahrer Schatz an Traditionen, die von Generation zu Generation weitergegeben werden. Sie zeichnet sich durch eine Vielfalt an Aromen, frischen Zutaten und regionalen Einflüssen aus. Von den würzigen Aromen der Halbinsel Yucatán bis zu den erdigen Noten der Region Oaxaca bietet die mexikanische Küche eine Fülle von Gerichten, die die Sinne verzaubern.

Zu den Ikonen der mexikanischen Küche gehören Tacos, Tamales, Enchiladas, Mole und natürlich Guacamole. Durch die Verwendung von frischen Kräutern, Gewürzen und einer Vielzahl von Chilisorten bietet die mexikanische Küche eine Explosion an Geschmack und Farbe.

Tex-Mex Küche

Die Tex-Mex-Küche entstand in den Grenzregionen zwischen Texas und Mexiko und ist eine faszinierende Verschmelzung der kulinarischen Einflüsse beider Kulturen. Die Küche ist bekannt für die reichliche Verwendung von Fleisch, Käse und Tortillas sowie für ihre Vorliebe für scharfe Gewürze.

Zu den beliebtesten Tex-Mex-Gerichten gehören Burritos, Nachos und Fajitas. Oft großzügig mit Käse überbacken und mit würzigen Soßen serviert, bieten diese Gerichte einen herzhaften und befriedigenden Geschmack, der die Geschmacksknospen verwöhnt.

Eine deutsche Liebesaffäre mit Chili con Carne

Chili con (und sin) Carne ist in Deutschland ein fester Bestandteil vieler Speisekarten, sei es in Restaurants, Imbissen oder auch zu Hause in der eigenen Küche. Die Kombination aus herzhaftem (veganen) Hackfleisch, Bohnen, Tomaten und einer scharfen Gewürzmischung hat sich als echter Publikumsliebling erwiesen. Doch was viele nicht wissen: Chili con Carne ist alles andere als ein klassisches mexikanisches Gericht.

Die Ursprünge lassen sich von der texanischen Grenzregion bis nach Mexiko zurückverfolgen, wo die Einflüsse beider Kulturen zu einem einzigartigen kulinarischen Erlebnis verschmolzen. Dort entstand die Grundidee des Gerichts – eine herzhafte, würzige Mischung aus Fleisch und Gewürzen, oft kombiniert mit Bohnen und Tomaten.

Obwohl Chili con Carne vielleicht nicht als klassisches mexikanisches Gericht angesehen werden kann, ist seine Popularität ein Beweis für die Fähigkeit der Küche, Grenzen zu überschreiten und sich an verschiedene kulturelle Einflüsse anzupassen. Es ist ein Gericht, das Generationen von Menschen zusammengebracht und ihnen Wärme und Zufriedenheit geschenkt hat, ob traditionell oder nicht.

Genießen wir also weiterhin Chili con (und sin) Carne, sei es in seiner klassischen Form oder mit einer persönlichen Note – und feiern wir die Vielfalt der Küche, die uns alle verbindet.

WARUM VEGAN?

Ich kann mich noch genau daran erinnern, wie ich vor zehn Jahren beschloss, meine Ernährung auf vegan umzustellen.

Die Challenge

Es war ein schleichender Prozess, der mit einer Art Challenge begann. Ich habe in den Nachrichten viel über Menschenrechtsverletzungen in Russland gelesen und wollte etwas Positives in der Welt bewirken. Mein erster Gedanke war – zugegebenerweise etwas „random" – eine Woche lang vegetarisch zu leben.

Das fiel mir überraschend leicht, weshalb ich beschloss, es noch ein bisschen länger durchzuziehen. Mein damaliger Partner hat übrigens auch an der Challenge teilgenommen und ist durch eine Freundin im Fitnessstudio sogar komplett zum Veganer geworden. Sie hat uns über die gesundheitlichen Vorteile dieser Ernährungsweise aus einer Sport- und Ethik-Perspektive aufgeklärt, was uns sehr beeindruckt hat. Durch sie hatte ich zum ersten Mal Berührungspunkte mit dieser Ernährungsform, und es war eine tolle Erfahrung, diese Veränderung gemeinsam mit meinem Partner zu erleben.

Als ich dann jedoch im Urlaub in Mexiko war und meine Familie besuchte, fiel es mir schwer, den Gerichten zu widerstehen, die mit Fleisch zubereitet waren. Doch nach und nach wurde ich konsequenter und konnte auch auf Familienfeiern vegan essen.

Schließlich unternahm ich zusammen mit meinem Partner eine Reise nach Australien und entschloss mich dazu, mich während der gesamten Reise komplett vegan zu ernähren. Nach der Reise habe ich diese Ernährungsweise einfach beibehalten und mich sehr wohl damit gefühlt.

Eine gesündere Lebensweise

Es gab noch einen weiteren Faktor, der mich dazu brachte, meine Ernährung umzustellen. Ich arbeitete damals in einer Agentur und hatte extrem lange Arbeitszeiten bis spät in die Nacht hinein. Ich bewegte mich wenig und bestellte oft Fast Food Dadurch nahm ich ziemlich viel zu und fühlte mich unwohl.

Ich beschloss, meinen Job zu kündigen, um mehr Zeit für Sport und eine gesündere Ernährung zu haben. Mit der Umstellung auf eine vegane Ernährung ging es mir dann fantastisch. Ich nahm ab, hatte mehr Energie und fühlte mich einfach insgesamt gesünder.

Die Entdeckung von *Dominion*

Irgendwann stieß ich auf den Dokumentarfilm *Dominion.* Ich hatte schon zuvor einige Dokumentationen über Tierhaltung und Fleischproduktion gesehen, aber dieser Film war anders. Ich musste den Film immer wieder pausieren und konnte nicht alles auf einmal verarbeiten. Letztendlich hat er jedoch unglaublich viel in mir bewegt. Danach gab es für mich kein Zurück mehr.

Tierleid minimieren

Auch wenn Gesundheit für mich wichtig ist, und ich versuche, darauf zu achten, ist mein primärer Fokus, anderen Lebewesen so wenig Leid wie möglich zuzufügen. Ich bin der Meinung, dass jeder Einzelne etwas bewirken und sich somit für eine bessere Welt einsetzen kann. Durch die Umstellung auf eine vegane Ernährung trage ich meinen Teil dazu bei, das Leid von Tieren zu minimieren und gleichzeitig die Umwelt zu schützen.

Die Entdeckung neuer Gerichte

Die Umstellung auf eine vegane Ernährung war für mich auch eine Reise des Entdeckens und Ausprobierens. Ich fing an, alle Gerichte, die ich kannte, zu veganisieren und neue Rezepte zu entdecken. Ich wurde kreativer beim Kochen und konnte neue Geschmackserlebnisse entdecken.

ENTDECKE NEUE GESCHMACKS-WELTEN

Für alle, die ihre kulinarische Reise durch die vielfältige Welt der mexikanischen Küche fortsetzen möchten, biete ich die einzigartige Gelegenheit, gemeinsam mit mir neue Geschmackshorizonte zu entdecken. Jeden Monat probiere ich neue Rezepte aus und teile meine Entdeckungen und Kreationen mit euch. Wer also Lust hat, noch mehr authentische und innovative mexikanische Gerichte kennenzulernen und mit mir in die Welt der Aromen und Farben Mexikos einzutauchen, abonniert meinen Newsletter oder folgt mir auf Social Media. Dort teile ich regelmäßig meine neuesten kulinarischen Experimente, Tipps und Tricks, die euch inspirieren und eure Kochkünste auf die nächste Stufe heben werden. Lasst uns gemeinsam die Traditionen bewahren und gleichzeitig neue Wege in der mexikanischen Küche beschreiten. *¡Buen provecho!*

REZEPTE

Ceviche de mango
Frische Mango-Ceviche

Die klassische Ceviche wird aus rohem Fisch und Meeresfrüchten gemacht, die in Limettensaft „gegart" werden. Es gibt aber auch Varianten, die ohne Fisch auskommen. Eine davon ist die Mango-Ceviche – eine wahre Geschmacksexplosion, die Frische, Süße, Schärfe und Salz perfekt kombiniert. Ein absolutes Highlight für heiße Sommertage!

Personen: 2

Zubereitungszeit: 10 min
Koch- & Ruhezeit: 10 min

Scharf: Ja

Glutenfrei: Ja

ZUTATEN:

- 1 Mango
- ½ rote Zwiebel
- ½ grüne Chilischote (z.B. Jalapeño)
- 2–3 Limetten
- Salz

ZUM GARNIEREN:

- 1 Stängel Koriandergrün

ZUBEREITUNG:

- Die Mango schälen, in 2 cm große Würfel schneiden und in eine Schüssel geben. Die Zwiebel schälen und halbieren. Anschließend eine Hälfte in feine Streifen schneiden und in die Schüssel geben. Die Chilischote waschen und halbieren. Eine Hälfte entkernen, fein hacken und in die Schüssel geben.

- Den Saft von 2 Limetten in die Schüssel über den anderen Zutaten auspressen und 1 Prise Salz hinzufügen. Alles gut durchmischen und 10 Minuten im Kühlschrank durchziehen lassen.

- Die Ceviche aus dem Kühlschrank holen und nach Geschmack mit etwas Limettensaft und Salz abschmecken.

- Den Koriander waschen, die Blätter abzupfen und fein hacken. Übrige Limette vierteln.

- Die Ceviche auf Tellern verteilen, mit dem gehackten Koriander bestreuen und nach Belieben mit den übrigen Limettenspalten servieren.

Aguachile

Scharfe mexikanische Ceviche aus Sinaloa

Aguachile ist eine mexikanische Ceviche-Variante aus dem Bundesstaat Sinaloa, die etwas schärfer ist als die traditionellen Varianten. Wörtlich übersetzt bedeutet es „Chiliwasser", aber keine Sorge, man kann das Gericht so scharf zubereiten, wie man möchte. Man nimmt einfach etwas mehr oder weniger Jalapeños.

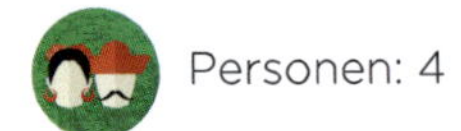
Personen: 4

Zubereitungszeit: 25 min
Koch- & Ruhezeit: 4 Stdn

Scharf: Ja

Glutenfrei: Ja

ZUTATEN:

- 7–8 mittelgroße Champignons
- 4 Limetten
- Salz
- ¼ weiße Zwiebel
- 1 Knoblauchzehe
- 1 Bund Koriandergrün
- 1 EL geschrotete Jalapeños
- 1 Salatgurke
- 1 rote Zwiebel
- 1 grüne Chilischote (z.B. Jalapeño)
- Salz und Pfeffer

ZUM GARNIEREN:

- 2 EL Olivenöl
- 3 kleine Blätter Nori-Algen

ZUBEREITUNG:

- Die Champignons putzen und die Enden abschneiden. Die Köpfe in dünne Scheiben schneiden und in eine Schüssel geben. Den Saft von 2 Limetten über den Champignons auspressen, 1 Prise Salz dazugeben und gut durchmischen. 4 Stunden im Kühlschrank ziehen lassen.

- Die weiße Zwiebel schälen und vierteln. Ein Viertel klein würfeln und in einen Mixbehälter geben. Die Knoblauchzehe schälen und dazugeben. Den Koriander waschen, die Blätter abzupfen und zusammen mit den geschroteten Jalapeños in den Mixer geben. Den Saft von 2 Limetten auspressen und dazugeben. Die Gurke waschen, den Stielansatz entfernen und halbieren. Eine Hälfte in den Mixer geben und alles so lange mixen, bis man eine gleichmäßige Soße hat.

- Die zweite Gurkenhälfte längs halbieren. Mit einem Teelöffel die Kerne entfernen. Die Gurke in 5 mm dicke Halbmonde schneiden und in eine Schüssel geben. Die rote Zwiebel schälen, halbieren, würfeln und in die Schüssel geben. Die Chilischote waschen, den Stielansatz abschneiden, die Schote in Ringe schneiden und in die Schüssel geben. Die Soße hinzufügen, alles gut umrühren und 4 Stunden im Kühlschrank ziehen lassen.

- Anschließend die marinierten Pilze und Gurken zusammenfügen und gut durchmischen. Nach Belieben mit Salz und Pfeffer abschmecken. Mit Olivenöl und zerkrümelten Nori-Algen garnieren. Sofort servieren.

Ceviche de palmito
Palmherzen-Ceviche

Ich war mit meiner Familie zu Besuch in Mérida, und die Familie Rodriguez hat uns zu sich nach Hause zum Essen eingeladen. Sie hat ein wunderschönes Haus direkt am Strand und servierte uns dieses erfrischende Gericht, das mich sofort begeisterte. Es erinnert mich immer wieder an die herzliche Gastfreundschaft unserer Freund:innen und an die kulinarischen Schätze der unterschiedlichen Regionen Mexikos.

ZUTATEN:

- 1 Dose Palmherzen (400 g Füllgewicht; ca. 220 g Abtropfgewicht)
- 1 Tomate
- 1 rote Zwiebel
- ½ grüne Chilischote (z.B. Jalapeño)
- ½ Avocado
- 6 Stängel Koriandergrün
- 2 EL Olivenöl
- 2 Limetten
- Salz und Pfeffer

ZUBEREITUNG:

- Palmherzen abgießen, in schmale Scheiben schneiden und in eine Schlüssel geben. Die Tomate waschen, halbieren, den Strunk entfernen und die Hälften in kleine Würfel schneiden. Die Zwiebel schälen und halbieren. Anschließend in feine Streifen schneiden. Die Chilischote waschen, halbieren und eine Hälfte in kleine Ringe schneiden (wer es etwas schärfer mag, kann auch die ganze Chilischote verwenden).

- Tomaten, Zwiebeln und Chili zu den Palmherzen in die Schüssel geben und umrühren. Die Avocado halbieren, die Schale und den Kern entfernen und das Fruchtfleisch einer Hälfte in Würfel schneiden. In die Schüssel geben und vorsichtig umrühren.

- Den Koriander waschen, die Blätter abzupfen und klein hacken. Olivenöl, Saft der Limetten, Koriander sowie Salz und Pfeffer nach Geschmack in einer kleinen Schüssel verrühren. Anschließend zu den anderen Zutaten in die Schüssel geben und alles gut vermengen.

- Die Ceviche ca. 30 Minuten durchziehen lassen, danach noch einmal abschmecken und servieren.

Guacamole

Guacamole

Wer kennt es nicht? Das ist wahrscheinlich eines der bekanntesten Rezepte aus Mexiko, beliebt auf der ganzen Welt und doch machen es alle ein bisschen anders und behaupten, das eigene Rezept sei das Beste. Nun verrate ich euch aber wirklich das beste Rezept für mexikanische Guacamole – das meiner Familie!

Personen: 4

Zubereitungszeit: 10 min
Koch- & Ruhezeit: -

Glutenfrei: Ja

ZUTATEN:

- 2 reife Avocados
- 1 Tomate
- ½ rote Zwiebel
- 1 Knoblauchzehe
- 2 EL vegane Creme* (alternativ Sojajoghurt*)
- 1 Limette
- ½ TL Gemüsebrühe (Pulver)*
- Salz und Pfeffer

AUßERDEM:

- 1 Tüte Tortilla-Chips*

ZUBEREITUNG:

- Die Avocados halbieren, den Kern entfernen und das Fruchtfleisch mit einem Löffel aus der Schale lösen. In eine Schüssel geben und mit einer Gabel oder einem Kartoffelstampfer zerdrücken.

- Die Tomate waschen, halbieren, den Strunk entfernen und die Hälften fein würfeln. Die Zwiebel schälen, halbieren und eine Hälfte fein hacken. Die Knoblauchzehe schälen und ebenfalls fein hacken. Beides zum Avocadopüree in die Schüssel geben.

- Vegane Creme, Saft der Limette und Gemüsebrühe zugeben und verrühren. Nach Geschmack mit Salz und Pfeffer würzen.

- Die Guacamole in eine Schüssel geben und mit den Tortilla-Chips servieren.

* Hinweis: Glutenfrei, sofern keine glutenhaltigen Zusatzstoffe enthalten sind.

FUN FACT:

Das Wort „Guacamole" stammt von dem Nahuatl-Wort „ahuacamolli" ab, das Avocadosoße bedeutet.

Ensalada de aguacate y tomate

Avocado-Tomaten-Salat

Die perfekte Vorspeise für einen heißen Sommertag, egal ob wir uns in einer der paradiesischen Küstenregionen Mexikos befinden oder hier in Deutschland einen Sommertag im Garten genießen. Dieser zeitlose Klassiker kombiniert frische Tomaten mit herzhaften Avocados. Verfeinert mit Olivenöl, Limetten und Koriander ist er der ideale Begleiter für heiße Tage.

Personen: 2

Zubereitungszeit: 5 min
Koch- & Ruhezeit: -

Glutenfrei: Ja

ZUTATEN:

- 2 Tomaten
- 1 Avocado
- ¼ rote Zwiebel
- 1 Limette
- 2 EL Olivenöl
- Salz

ZUM GARNIEREN:

- 1 Bund Koriandergrün

ZUBEREITUNG:

- Die Tomaten waschen, halbieren, den Strunk entfernen und die Hälften in Scheiben schneiden. Die Avocado halbieren, den Kern entfernen, das Fruchtfleisch mit einem Löffel von der Schale lösen und in Scheiben schneiden. Auf einen Teller nun abwechselnd Tomaten- und Avocadoscheiben kreisförmig legen.

- Die Zwiebel schälen und vierteln. Anschließend ein Viertel in feine Streifen schneiden und über den Tomaten- und Avocadoscheiben verteilen.

- Den Saft der Limette über dem Salat auspressen, das Olivenöl über dem Salat verteilen und alles mit etwas Salz bestreuen.

- Den Koriander waschen, die Blätter abzupfen, fein hacken und zum Servieren über den Salat streuen.

Sopa de frijol
Suppe aus schwarzen Bohnen

Bohnen sind seit prähispanischer Zeit eines der Hauptnahrungsmittel der mexikanischen Bevölkerung. Sie sind nicht nur sehr nahrhaft und sättigend, sondern auch extrem vielseitig verwendbar. Zu den traditionellen Gerichten gehört diese Bohnen-Suppe, die sich hervorragend als Vorspeise eignet.

 Personen: 4
 Zubereitungszeit: 10 min
Koch- & Ruhezeit: 10 min
 Scharf: Ja
 Glutenfrei: Ja

ZUTATEN:

- ¼ weiße Zwiebel
- 5 EL Pflanzenöl
- 1 Dose schwarze Bohnen (400 g Füllgewicht; 240 g Abtropfgewicht)*
- 1 TL Gemüsebrühe (Pulver)*
- 2 TL Chipotle-Gewürzpulver (nach Belieben)
- 2 EL Mandelmus
- Salz

ZUM GARNIEREN:

- 1 Avocado
- 1 Packung Räuchertofu (175 g)*

AUßERDEM:

- 2 kleine Maistortillas (Rezept auf Seite 63)*

ZUBEREITUNG:

- Die Zwiebel schälen und vierteln. Anschließend ein Viertel fein hacken. 2 EL Öl in einen Topf geben und bei niedriger Hitze erwärmen. Die fein gehackten Zwiebeln zugeben und unter ständigem Rühren einige Minuten glasig dünsten.

- Die schwarzen Bohnen in ein Sieb abgießen und kalt abbrausen. Anschließend mit 710 ml Wasser, Gemüsebrühe, Chipotle-Gewürz und Mandelmus in einen Mixer geben und mixen, bis eine cremige Konsistenz erreicht ist.

- Die Masse anschließend in den Topf zu den Zwiebeln geben und bei niedriger Temperatur sanft zum Kochen bringen. Die Suppe nach Belieben mit Salz abschmecken.

- Die Tortillas in schmale Streifen schneiden und in einer Pfanne mit dem restlichen Öl knusprig braten. Anschließend auf Küchenpapier abtropfen lassen.

- Die Avocado halbieren, den Kern entfernen, das Fruchtfleisch mit einem Löffel von der Schale lösen und in Würfel schneiden. Den Räuchertofu in kleine Würfel schneiden.

- Die Suppe in tiefe Schalen geben und mit gebratenen Tortillastreifen, Tofu- und Avocado-Würfeln garnieren.

* Hinweis: Glutenfrei, sofern keine glutenhaltigen Zusatzstoffe enthalten sind.

Sopa de maíz
Maissuppe

Diese Suppe ist in Mexiko ein Klassiker! Sie wird meistens als Vorspeise serviert, aber es kann auch schon mal vorkommen, dass sie als Hauptgericht gegessen wird. Sie ist nicht nur an heißen Tagen in Mexiko beliebt, sondern passt Dank ihres cremig-würzigen Geschmacks und dem Duft nach Kreuzkümmel und Mais auch hervorragend in die Winterküche.

Personen: 4

Zubereitungszeit: 15 min
Koch- & Ruhezeit: 20 min

Glutenfrei: Ja

ZUTATEN:

- 1 weiße Zwiebel
- 4 EL Pflanzenöl
- 1 kleine Süßkartoffel (ca. 180 g)
- 400 g Mais (aus der Dose; Abtropfgewicht)*
- 1 TL gemahlener Kreuzkümmel
- 1 TL gemahlene Kurkuma
- 1 TL Salz
- 1 TL gemahlener Pfeffer
- 2 EL Cashewmus

ZUM GARNIEREN:

- 1 Stängel glatte Petersilie

* Hinweis: Glutenfrei, sofern keine glutenhaltigen Zusatzstoffe enthalten sind.

ZUBEREITUNG:

- Die Zwiebel schälen und fein hacken. Das Öl in einem Topf bei niedriger Hitze erwärmen. Die fein gehackten Zwiebeln zugeben und unter ständigem Rühren einige Minuten glasig dünsten.

- Die Süßkartoffel schälen, in Würfel schneiden und in den Topf zu den Zwiebeln geben. Die Süßkartoffelwürfel 15–20 Minuten andünsten, bis sie weich sind.

- Den Mais in ein Sieb abgießen, kalt abbrausen und abtropfen lassen. Einige Maiskörner (ca. 4 EL) beiseitelegen. Den Rest in den Topf zu den Süßkartoffeln geben und erhitzen. Kreuzkümmel, Kurkuma, Salz, Pfeffer, Cashewmus sowie 710 ml Wasser zugeben und alles mit einem Stabmixer zu einer cremigen Suppe pürieren.

- Die Petersilie waschen und die Blätter abzupfen. Die Suppe servieren. Pro Portion je 1 EL Mais und 1 Petersilienblatt als Dekoration hinzufügen.

Caldo tlalpeño Traditionelle Gemüsesuppe

Traditionell isst man in Mexiko zu Hause zuerst eine Suppe, dann ein Hauptgericht und wenn man Glück hat, bekommt man noch ein Dessert. Als Kind war ich oft bei meinem besten Freund Christian zu Hause. Seine Mutter kochte regelmäßig Caldo tlalpeño. Wenn ich dort zu Besuch war, habe ich mich immer sehr auf diese Suppe gefreut, denn bei uns zu Hause gab es meistens Salat als Vorspeise.

Personen: 4

Zubereitungszeit: 10 min
Koch- & Ruhezeit: 30 min

Glutenfrei: Ja

ZUTATEN:

- 3 EL Gemüsebrühe (Pulver)*
- 3 Knoblauchzehen
- 50 g Reis
- 200 g festkochende Kartoffeln
- 90 g Karotten
- 120 g Zucchini
- 1 Dose Kichererbsen (400 g Füllgewicht; 240 g Abtropfgewicht)*
- 1 kleines Bund Koriandergrün
- 1 Limette
- Salz und Pfeffer

* Hinweis: Glutenfrei, sofern keine glutenhaltigen Zusatzstoffe enthalten sind.

ZUBEREITUNG:

- In einem großen Topf 2,5 l Wasser zusammen mit der Gemüsebrühe kurz aufkochen lassen, anschließend die Hitze reduzieren. Die Knoblauchzehen schälen, zerdrücken und dazugeben.

- Den Reis in einer Schüssel unter fließendem kalten Wasser gut waschen und ca. 1 Minute mit den Händen umrühren. In einem Sieb abtropfen lassen und in die Gemüsebrühe geben. 4 Minuten kochen lassen.

- In der Zwischenzeit Kartoffeln schälen und klein würfeln. Karotten und Zucchini waschen und ebenfalls klein würfeln. Das Gemüse nun in Etappen in den Topf geben und jeweils 4–5 Minuten kochen lassen: Zuerst die Kartoffeln hineingeben, nach 4 Minuten die Karotten und zuletzt die Zucchini.

- Die Kichererbsen in ein Sieb abgießen, kalt abbrausen und abtropfen lassen. Anschließend in den Topf geben und alles weitere 6–7 Minuten kochen lassen. Den Herd ausschalten.

- Den Koriander waschen, die Blätter abzupfen und fein hacken. Etwas Koriandergrün für die Deko aufheben, den Rest in die Suppe geben. Den Saft der Limette direkt in den Topf pressen und umrühren.

- Die Suppe nach Geschmack mit Salz und Pfeffer abschmecken und mit Koriander bestreut servieren.

Flautas de papa
Knusprige Kartoffel-Flöten

„Flautas de papa" bedeutet Kartoffelflöten. Der Name leitet sich von der Form der Tortillas ab, die wie Flöten gerollt und frittiert werden. Klassischerweise werden sie mit Kartoffeln oder anderen zerkleinerten Zutaten gefüllt und mit Salat, Gemüse und Soßen garniert. Mein Favorit ist diese Version mit einer leckeren veganen Kartoffelfüllung.

Personen: 2

Zubereitungszeit: 10 min
Koch- & Ruhezeit: 20 min

Glutenfrei: Ja

ZUTATEN:

- 7 kleine mehligkochende Kartoffeln
- Salz
- 4 EL Pflanzenöl

ZUM GARNIEREN:

- 1 Romanasalatherz
- 1 Avocado
- 1 Radieschen
- 150 g vegane Creme*
- 75 g veganer Hirtenkäse*

AUSSERDEM:

- 6 Maistortillas (Rezept auf Seite 63)*
- 2 Holzspieße
- Salsa verde (Grüne Soße; Rezept auf Seite 138) oder Salsa ranchera (Tomaten-Jalapeño-Soße; Rezept auf Seite 141); nach Belieben

* Hinweis: Glutenfrei, sofern keine glutenhaltigen Zusatzstoffe enthalten sind.

ZUBEREITUNG:

- Für die Füllung die Kartoffeln schälen und grob würfeln. In Salzwasser zugedeckt 25–30 Minuten kochen. Abgießen und im offenen Topf ausdampfen lassen. Anschließend mit einer Gabel oder einem Kartoffelstampfer fein zerdrücken, bis ein Püree entsteht.

- Die Tortillas in einer Pfanne ohne Fett jeweils von beiden Seiten nacheinander leicht erwärmen, damit sie weich werden und später besser zusammengerollt werden können.

- Die Tortillas anschließend nacheinander wie folgt füllen: Etwas Kartoffelpüree in einer Linie von einem Ende bis zum anderen auf der Tortilla gleichmäßig verteilen. Nun die Tortilla zusammenrollen und mit einem Holzspieß mit der Naht nach unten befestigen. Wiederhole das, bis du drei Flöten pro Holzspieß hast.

- In einer Pfanne 2 EL Öl erhitzen. Die 3 Flöten auf dem Holzspieß von beiden Seiten knusprig braten. Anschließend auf Küchenpapier abtropfen lassen. Mit den restlichen 3 Flöten ebenso verfahren.

- Den Salat waschen, den Strunk großzügig abschneiden und die Blätter in ca. 1 cm breite Streifen schneiden. Auf einem Teller gleichmäßig verteilen und die Flöten darauf setzen. Die Holzspieße anschließend entfernen.

Fortsetzung »

- Die Avocado halbieren, die Schale und den Kern entfernen und das Fruchtfleisch in Scheiben schneiden. Die Scheiben auf die Flöten legen. Radieschen waschen, putzen und in feine Scheiben schneiden.

- Die Flöten mit veganer Creme übergießen und mit zerkrümeltem veganen Hirtenkäse garnieren. Zum Schluss mit den Radieschenscheiben dekorieren.

- Alles mit 1 Prise Salz bestreuen und sofort servieren. Wer es etwas schärfer mag, kann zusätzlich etwas scharfe Soße nach Belieben dazu servieren.

TIPP: Wer kein Öl verwenden möchte, kann die Flöten auch bei 180°C (Ober-/Unterhitze) für 20 Minuten im Ofen backen. Es ist wichtig, die Flöten nach der Hälfte der Backzeit zu Wenden, damit sie gleichmäßig knusprig werden.

Berenjena con mole

Gebackene Aubergine mit einer pikanten Mole-Soße

Diese gebackene Aubergine mit Mole-Soße ist ein wahres Fest für den Gaumen. Die Kombination aus zarten, gebackenen Auberginen und der kräftigen, würzigen Mole-Soße sorgt für ein Geschmackserlebnis, das man so schnell nicht vergisst!

 Personen: 4

 Zubereitungszeit: 15 min
Koch- & Ruhezeit: 45 min

 Scharf: Ja

 Glutenfrei: Ja

ZUTATEN:

- 2 Auberginen
- 4 EL Olivenöl
- Salz
- 550 g Mole Poblano (herzhafte Schokoladensoße; Rezept auf Seite 128)

ZUM GARNIEREN:

- 4 TL Sesam

AUßERDEM:

- 4 Portionen roter Reis (Rezept auf Seite 67); nach Belieben

ZUBEREITUNG:

- Den Backofen auf 200°C (Ober-/Unterhitze) vorheizen. Ein Backblech mit Backpapier auslegen.

- Die Auberginen waschen, den Strunk abschneiden und die Auberginen längs halbieren. Das Fruchtfleisch mehrmals kreuzweise bis zur Schale einschneiden (nicht durchschneiden). Es soll ein Gittermuster entstehen. Die Auberginen mit Olivenöl bestreichen und mit 1 Prise Salz würzen. Die Auberginenhälften auf das Backblech legen und im heißen Ofen (Mitte) ca. 45 Minuten backen, bis sie gar und etwas zusammengeschrumpft sind.

- In der Zwischenzeit eine Pfanne bei mittlerer Hitze erhitzen und die Sesamkörner unter ständigem Rühren rösten, bis sie duften. In eine Schüssel geben und abkühlen lassen. Anschließend die Mole in derselben Pfanne bei mittlerer Hitze erwärmen.

- Die Auberginen aus dem Ofen nehmen und eine Hälfte pro Person servieren. Mit Mole übergießen und mit Sesam bestreuen. Als Beilage passt roter Reis.

„Chiles” rellenos de queso vegano

Paprika gefüllt mit veganem Käse

Gefüllte Paprikaschoten gehören zu den typisch mexikanischen Gerichten. Dazu werden ganze Paprikaschoten direkt über dem Feuer oder auf einer Grillplatte geröstet, leicht geschält und die Kerne entfernt. Die Schoten werden mit verschiedenen Zutaten gefüllt, mit einem Teig umhüllt und frittiert. Sie werden als Hauptgericht mit Soße und weißem oder mexikanischem roten Reis serviert.

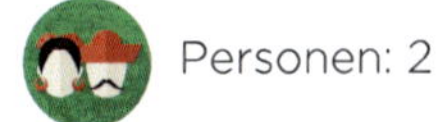
Personen: 2

Zubereitungszeit: 15 min
Koch- & Ruhezeit: 45 min

ZUTATEN:

- 4 grüne Spitzpaprikaschoten
- 100 g veganer Reibekäse*

FÜR DIE SOßE:

- 3 große Tomaten
- ½ weiße Zwiebel
- 2 Knoblauchzehen
- Salz und Pfeffer

FÜR DIE PANADE:

- 2 gehäufte EL Weizenmehl
- Salz
- Semmelbrösel
- Pflanzenöl

AUßERDEM:

- 4 Zahnstocher

ZUBEREITUNG:

- Den Backofen auf 220 °C (Umluft) vorheizen. Ein Backblech mit Backpapier auslegen.

- Die Paprikaschoten waschen, auf das Backblech legen und im heißen Ofen (Mitte) ca. 20 Minuten backen, bis die Haut dunkel wird und Blasen wirft.

- Die Paprikaschoten aus dem Ofen nehmen, mit einem scharfen Messer längs aufschneiden (nicht durchschneiden) und die Kerne entfernen. Paprikaschoten nun mit dem veganen Käse füllen und anschließend jeweils mit einem Zahnstocher auf der Längsseite wieder verschließen.

- Für die Soße die Tomaten waschen, halbieren, den Strunk entfernen und die Hälfte der Tomaten in einen Mixer geben. Die andere Hälfte klein würfeln und beiseitestellen.

- Die Zwiebel schälen und halbieren. Eine Hälfte in den Mixer geben. Die Knoblauchzehen schälen und mit einem Schuss Wasser in den Mixer geben. Alles mixen, bis eine gleichmäßige Soße entsteht.

* Hinweis: Glutenfrei, sofern keine glutenhaltigen Zusatzstoffe enthalten sind.

Fortsetzung »

• Die Soße nun zusammen mit den Tomatenwürfeln in einen kleinen Topf geben und bei niedriger bis mittlerer Hitze 7–10 Minuten köcheln lassen, bis sie etwas dickflüssiger wird. Mit Salz und Pfeffer abschmecken und beiseitestellen.

• Für die Panade Mehl, 6 EL Wasser und 1 Prise Salz in eine mittelgroße Schüssel geben und gut verrühren, bis eine glatte, cremige Flüssigkeit entsteht. Einen Teller mit Semmelbröseln bereitstellen.

• Die gefüllten Paprikaschoten in der Paniermehlmischung wenden, bis sie von allen Seiten bedeckt sind. Dann die Paprika in den Semmelbröseln wenden, bis sie vollständig paniert sind.

• Das Öl in einer großen Pfanne erhitzen und die gefüllten Paprikaschoten nacheinander von jeder Seite 3–5 Minuten braten, bis sie leicht knusprig sind. Danach auf Küchenpapier abtropfen lassen.

• Die Tomatensoße auf Tellern verteilen und die gefüllten Paprikaschoten darauf servieren.

Pambazos de chorizo y papa

Würziges Brötchen mit Chorizo und Kartoffeln

Pambazos sind eine Art mexikanische Streetfood-Sandwiches, die je nach Region, in der sie zubereitet werden, unterschiedliche Füllungen haben. Die bekanntesten Füllungen sind Kartoffeln und Kartoffeln mit Chorizo. Die belegten Brötchen werden in eine Marinade getaucht und anschließend frittiert. Der Name stammt von dem Brot (pan), das für die Zubereitung verwendet wird.

Personen: 4

Zubereitungszeit: 15 min
Koch- & Ruhezeit: 25 min

Scharf: Ja

ZUTATEN:

- 225 g festkochende Kartoffeln
- Salz
- 150 g Tofu (natur)*
- 160 g adobo chorizo (Gewürzpaste; Rezept auf Seite 137)
- 1 weiße Zwiebel
- 4 EL Pflanzenöl
- 4 Ciabatta-Brötchen
- vegane Mayonnaise*

ZUM GARNIEREN:

- ½ Romanasalatherz

* Hinweis: Glutenfrei, sofern keine glutenhaltigen Zusatzstoffe enthalten sind.

ZUBEREITUNG:

- Die Kartoffeln schälen und in kleine Würfel schneiden. Einen mittelgroßen Topf etwa zur Hälfte mit Wasser füllen. Bei mittlerer bis starker Hitze zum Kochen bringen. Die Kartoffelwürfel mit etwas Salz in das Wasser geben und ca. 5 Minuten kochen lassen, bis sie leicht weich sind. Anschließend in ein Sieb abgießen und abtropfen lassen.

- Den Tofu zerkrümeln und in eine große Schüssel geben. 80 g Chorizo-Gewürzpaste dazugeben (die anderen 80 g werden für die Ciabatta-Brötchen benötigt) und gut verrühren.

- Die Zwiebel schälen und fein hacken. Das Öl in die Pfanne geben und die Zwiebeln unter ständigem Rühren einige Minuten glasig dünsten. Tofu und Kartoffeln zugeben und 10–15 Minuten anbraten, bis die Flüssigkeit der Gewürzpaste verdampft ist, und das Gemüse zu brutzeln beginnt. Mit Salz abschmecken und den Herd ausstellen.

- Die Ciabatta-Brötchen in der Mitte waagerecht durchschneiden. Beide Seiten mit einem Pinsel oder Löffel mit der übrigen Chorizo-Paste bestreichen und in einer Pfanne bei mittlerer Hitze beidseitig 2–3 Minuten anbraten. Anschließend jeweils die Innenseite der unteren Hälften der Ciabatta-Brötchen mit veganer Mayonnaise bestreichen und mit der Kartoffel-Tofu-Masse belegen.

- Den Salat waschen, den Strunk großzügig abschneiden, die Blätter in ca. 1 cm breite Streifen schneiden und auf das Bratgut legen. Die obere Hälfte des Ciabattabrötchens darauflegen und die Pambazos sofort servieren.

Sopa azteca
Aztekische Tortillasuppe

Die Azteken- oder Tortillasuppe ist eine traditionelle Suppe aus frittierten Tortillastücken, die in einer Brühe eingeweicht werden. Es gibt verschiedene Varianten, aber in den meisten Fällen wird sie mit Pasilla-Chilis, Chicharron, Avocados, Frischkäsewürfeln und saurer Sahne serviert. Obwohl der genaue Ursprung der Suppe unbekannt ist, weiß man, dass sie aus der Gegend von Mexiko-Stadt stammt. Heute kochen wir eine vegane Variante mit Zutaten, die es auch in deutschen Supermärkten gibt.

 Personen: 2  Zubereitungszeit: 10 min
Koch- & Ruhezeit: 15-20 min  Scharf: Ja  Glutenfrei: Ja

ZUTATEN:

- ½ weiße Zwiebel
- 4 Tomaten
- 2 EL Pflanzenöl
- 3 Knoblauchzehen
- ½ TL geschrotete Chipotle-Chilis,
- ½ TL geschrotete Ancho-Chilis
- 1 TL Gemüsebrühe (Pulver)*
- Salz
- ¼ TL getrockneter Oregano

ZUM GARNIEREN:

- 2 Tostadas (Rezept auf Seite 64)*
- 1 Avocado
- 1 kleines Bund Koriandergrün
- 150 g vegane Sahne*
- 75 g veganer Hirtenkäse*

* Hinweis: Glutenfrei, sofern keine glutenhaltigen Zusatzstoffe enthalten sind.

ZUBEREITUNG:

- Die Zwiebel schälen, halbieren und fein würfeln. Die Tomaten waschen, den Strunk entfernen und in kleine Würfel schneiden.

- Das Öl in einen Topf geben und bei mittlerer Hitze erhitzen. Die Zwiebeln zugeben und unter ständigem Rühren 2–3 Minuten glasig dünsten. Die Tomaten hinzufügen und alles weitere 3–4 Minuten braten, bis die Tomaten weich sind. Die Pfanne vom Herd nehmen und etwas abkühlen lassen.

- Die Knoblauchzehen schälen und mit dem Bratgut, 500 ml Wasser, Chipotle-Chili, Ancho-Chili und Gemüsebrühe im Mixer zu einer seidigen Suppe verarbeiten. Mit Salz abschmecken. Oregano zugeben und die Suppe bei mittlerer Hitze 10 Minuten köcheln lassen.

- Die Tostadas in Stücke brechen. Die Avocado halbieren, die Schale und den Kern entfernen und das Fruchtfleisch würfeln. Den Koriander waschen, die Blättchen abzupfen und fein hacken.

- Die Aztekensuppe anrichten und mit knusprigen Tortillastreifen, Avocadowürfeln, Koriander, veganer Sahne und zerkrümeltem Hirtenkäse garnieren.

Pasta con hongos al ajillo con chile guajillo

Tagliatelle mit Kräuterseitlingen, Knoblauch und Guajillo-Chili

Von einer Sache kann ich nicht genug bekommen, und das sind Nudeln. Okay, das klingt jetzt nicht unbedingt nach einem klassisch mexikanischen Rezept, aber natürlich werden auch in der modernen mexikanischen Küche international beliebte Zutaten verwendet. Die Guajillo-Chilischoten verleihen diesem Gericht einen würzigen, mild-scharfen Geschmack und machen die Nudeln zu einem ganz besonderen Highlight.

 Personen: 4  Zubereitungszeit: 10 min
Koch- & Ruhezeit: 15 min  Scharf: Ja

ZUTATEN:

- Salz
- 400 g Tagliatelle
- 300 g Kräuterseitlinge
- 1 weiße Zwiebel
- 6 Knoblauchzehen
- 2 EL Pflanzenöl
- 2 TL geschrotete Guajillo-Chilis,
- 1 kleines Bund glatte Petersilie
- 4 EL Olivenöl

ZUM GARNIEREN:

- veganer Parmesankäse (alternativ Hefeflocken)*

* Hinweis: Glutenfrei, sofern keine glutenhaltigen Zusatzstoffe enthalten sind.

ZUBEREITUNG:

- In einem Topf ca. 4 l Wasser mit Salz zugedeckt zum Kochen bringen. Die Tagliatelle darin 6–10 Minuten (nach Packungsanweisung) bissfest garen.

- Die Kräuterseitlinge putzen, halbieren und längs in dünne Scheiben schneiden. Die Zwiebel schälen und fein hacken. Den Knoblauch schälen und in feine Scheiben schneiden.

- Das Öl in einer Pfanne bei mittlerer Hitze erhitzen, Zwiebelwürfel zugeben und kurz anbraten. Die Kräuterseitlinge dazugeben und 5–10 Minuten anbraten, bis sie weich sind und anfangen, braun zu werden. Knoblauch und Guajillo-Chili zugeben und alles weitere 5 Minuten braten, bis die Kräuterseitlinge gut durchgebraten sind. Mit Salz abschmecken. Sobald die Nudeln al dente sind, in einem Sieb abgießen, in die Pfanne geben und alles gut vermengen.

- Die Petersilie waschen, die Blätter abzupfen und fein hacken. Olivenöl und die gehackte Petersilie zu den Nudeln geben und alles gut vermischen.

- Die Tagliatelle auf 4 Tellern anrichten und mit veganem Parmesan garnieren.

Burrito con frijoles y arroz

Burrito mit Bohnen und Reis

Burritos sind den meisten Menschen ein Begriff, denn sie gehören zu den Klassikern der mexikanischen und der Tex-Mex-Küche. Burrito bedeutet „kleiner Esel", aber woher der Name kommt, ist umstritten. Manche sagen, er sei auf die gefalteten Enden des Burritos zurückzuführen, die wie Eselsohren aussehen. Man braucht schon viel Fantasie, um darauf zu kommen. Aber das ist nicht so wichtig wie der Geschmack. Denn der ist sensationell!

 Personen: 6
 Zubereitungszeit: 10 min
Koch- & Ruhezeit: 15 min
 Scharf: Ja

ZUTATEN:

FÜR DIE FÜLLUNG:

- 120 g Reis
- 1 TL Gemüsebrühe (Pulver)*
- 1 Dose schwarze Bohnen (400 g Füllgewicht; 240 g Abtropfgewicht)*
- 1 Packung Räuchertofu (175 g)*
- 240 ml Salsa ranchera (Tomaten-Jalapeño-Soße; Rezept auf Seite 141)

AUßERDEM:

- 4 Blätter Romanasalat
- 1 Avocado
- 6 große Weizentortillas (Rezept auf Seite 60)
- Margarine*

* Hinweis: Glutenfrei, sofern keine glutenhaltigen Zusatzstoffe enthalten sind.

ZUBEREITUNG:

- Für die Füllung den Reis nach Packungsanweisung in einem Top mit Wasser zusammen mit Gemüsebrühe garen. Die Bohnen in ein Sieb abgießen, kalt abbrausen und abtropfen lassen. Den Räuchertofu in kleine Würfel schneiden.

- Die Bohnen, den Tofu und die Ranchera-Soße in einer Pfanne bei schwacher Hitze erwärmen.

- Den Salat waschen, den Strunk großzügig abschneiden und 4 Blätter in feine Streifen schneiden. Die Avocado halbieren, die Schale und den Kern entfernen und das Fruchtfleisch würfeln.

- Die Tortillas nacheinander in einer beschichteten Pfanne bei mittlerer Hitze mit etwas Margarine von beiden Seiten ca. 1 Minute anbraten.

- Reis, Bohnen, Tofu, Soße, Salat und Avocadowürfel gleichmäßig auf alle Tortillas verteilen. Anschließend zu Burritos aufrollen.

- Die Burritos nun nacheinander noch einmal kurz in der Pfanne mit etwas Margarine knusprig braten. Auf Tellern servieren.

TIPP: Für noch mehr Geschmack mexikanischen roten Reis (Rezept auf Seite 67) anstelle von weißem Reis verwenden.

Quinoa con verduras
Mexikanische Quinoa-Pfanne

Quinoa stammt aus den Anden und wurde schon von den Inkas als Grundnahrungsmittel angebaut. In den letzten Jahren hat sie einen enormen Bekanntheitsgrad erlangt und gilt als Superfood, weshalb sie auch in Europa in aller Munde ist. Wer in der Schule aufgepasst hat, weiß, dass die Anden nicht in Mexiko liegen. Trotzdem wird auch in Mexiko sehr gerne mit diesem Pseudogetreide gekocht und auch aus der mexikanischen Küche ist es kaum noch wegzudenken.

Personen: 4

Zubereitungszeit: 10 min
Koch- & Ruhezeit: 25 min

Glutenfrei: Ja

ZUTATEN:

- 180 g Quinoa Tricolore
- Salz
- 1 weiße Zwiebel
- 2 grüne Paprikaschoten
- 200 g Champignons
- 2 EL Pflanzenöl
- 1 Dose schwarze Bohnen (400g Füllgewicht; 240 g Abtropfgewicht)*
- 1 Dose Mais (300 g Füllgewicht; 280 g Abtropfgewicht)*

* Hinweis: Glutenfrei, sofern keine glutenhaltigen Zusatzstoffe enthalten sind.

ZUBEREITUNG:

- Die Quinoa-Körner in einem Sieb so lange kalt abbrausen, bis das Wasser klar ist. Die Quinoa mit der dreifachen Menge Wasser und 1 Prise Salz in einem Topf kurz aufkochen. Sobald das Wasser sprudelt, die Hitze auf niedrige Stufe reduzieren. Die Quinoa bei geschlossenem Deckel ca. 15 Minuten köcheln lassen, bis das Wasser verkocht ist, und die Körner leicht glasig und noch etwas bissfest sind.

- In der Zwischenzeit die Zwiebel schälen und fein hacken. Die Paprikaschoten putzen, waschen und klein würfeln. Die Champignons putzen und die Stiele abschneiden. Die Köpfe in dünne Scheiben schneiden.

- In einer beschichteten Pfanne das Öl bei mittlerer Hitze erhitzen. Die Zwiebel einige Minuten unter ständigem Rühren darin glasig dünsten. Anschließend die Paprikawürfel zugeben und anbraten, bis sie Farbe annehmen.

- Mais und Bohnen in ein Sieb abgießen, mit kaltem Wasser abbrausen und abtropfen lassen. Champignons, Mais und Bohnen in die Pfanne geben und alles anbraten, bis die Champignons gar sind.

- Quinoa zugeben, alles gut vermischen, nach Belieben noch einmal mit Salz abschmecken und sofort servieren.

Pozole
Pikante Suppe mit weißem Mais

Pozole ist eine traditionelle mexikanische Suppe, die typischerweise an verschiedenen Feiertagen und zu besonderen Anlässen gegessen wird. Dazu gehören der Tag nach einer Hochzeit, Weihnachten, die Posadas sowie der Tag der Heiligen Drei Könige. Es ist ein herzhaftes Gericht, das oft mit Schweinefleisch oder Huhn zubereitet und mit einer Vielzahl von Zutaten wie Mais, Chilischoten, Zwiebeln, Koriander und Limetten serviert wird. Je nach Region und Geschmack gibt es verschiedene Varianten. Meine Variante kommt ganz ohne tierische Produkte aus.

Personen: 4

Zubereitungszeit: 10 min
Koch- & Ruhezeit: 15 min

Scharf: Ja

Glutenfrei: Ja

ZUTATEN:

- 2 EL geschrotete Ancho-Chilis
- 2 EL geschrotete Guajillo-Chilis
- ½ weiße Zwiebel
- 2 EL Pflanzenöl
- 150 g Austernpilze
- 1 Dose weißer Mais
(822 g Füllgewicht; 460 g Abtropfgewicht; alternativ gelber Mais)*
- 1 EL Gemüsebrühe (Pulver)*
- 1 EL getrockneter Oregano
- Salz

ZUBEREITUNG:

- 180 ml Wasser in einem Wasserkocher zum Kochen bringen. Die geschroteten Guajillo- und Ancho-Chilis in einen Mixer geben, mit kochendem Wasser übergießen und 10 Minuten ziehen lassen. Die Zwiebel schälen und vierteln. Ein Viertel der Zwiebel in den Mixer geben und mixen, bis eine gleichmäßige Brühe entsteht.

- Das Öl in einem Topf bei mittlerer Hitze erhitzen und die Brühe hinzufügen. Alles 3–5 Minuten köcheln lassen.

- Die Pilze putzen und mit den Händen oder zwei Gabeln in dünne Streifen zerzupfen. Den Mais in ein Sieb abgießen, kalt abbrausen und abtropfen lassen.

- Die Pilze, den Mais und die Gemüsebrühe mit 1 l Wasser in die kochende Brühe geben. Alles ca. 15 Minuten kochen lassen, bis die Pilze weich sind und den Geschmack der Brühe angenommen haben. Den Herd ausschalten. Oregano zugeben, gut umrühren und die Brühe vorsichtig mit Salz abschmecken.

Fortsetzung »

ZUM GARNIEREN:

- ½ Romanasalatherz
- 4 Radieschen
- 2 Limetten

AUßERDEM:

- 8 Tostadas (Rezept auf Seite 64)*
- 75 g vegane Creme* (nach Belieben)

● Den Salat waschen, den Strunk großzügig abschneiden und die Hälfte der Blätter in feine Streifen schneiden. Die Radieschen waschen, putzen und in dünne Scheiben schneiden. Das zweite Viertel der Zwiebel fein würfeln.

● Die Brühe in große Schüsseln geben und mit Salat, Radieschen und Zwiebel garnieren. Pozole servieren.

So wird die Suppe gegessen:
Die Limetten werden halbiert und jeder am Tisch kann seine Pozole damit würzen. Die Tostadas werden mit der veganen Creme bestrichen, die Mais- und Pilzstücke aus der Suppe auf die Tostadas gelegt und genossen.

* Hinweis: Glutenfrei, sofern keine glutenhaltigen Zusatzstoffe enthalten sind.

Tortillas de harina
Weizentortillas

Weizentortillas sind die vielseitige Grundlage vieler Gerichte und aus der mexikanischen Küche nicht wegzudenken. Die weichen, elastischen Fladen eignen sich hervorragend zum Füllen oder Belegen mit einer Vielzahl von herzhaften oder süßen Zutaten. Sie bilden die Grundlage für Tacos, Burritos, Quesadillas oder Enchiladas.

ZUTATEN:

- 375 g Weizenmehl
- 1 TL Backpulver
- 1 TL Salz
- 55 g Margarine*

AUẞERDEM:

- Mehl für die Arbeitsfläche
- 1 Tortillapresse
(optional, siehe Hinweis im Rezept)

* Hinweis: Glutenfrei, sofern keine glutenhaltigen Zusatzstoffe enthalten sind.

HINWEIS:

Für die Zubereitung von Flautas den Teig in 6 gleich große Bällchen teilen, anstelle von 10. Die Tortillas sollten etwas größer sein und einen Durchmesser von ca. 20 cm haben.

ZUBEREITUNG:

- Das Weizenmehl, das Backpulver und das Salz in eine große Schüssel geben und gut vermischen. Die Margarine zugeben und alles mit einer Gabel verrühren. Langsam 180 ml lauwarmes Wasser zugeben und gut verrühren.

- Nun alles mit den Händen 2–3 Minuten zu einem weichen, glatten Teig kneten. Wenn der Teig zu klebrig ist, etwas Mehl hinzufügen. Ist der Teig zu trocken, etwas Wasser hinzufügen.

- Den Teig in 10 gleich große Bällchen teilen und auf der leicht bemehlten Arbeitsfläche (sonst werden die Tortillas zu trocken) mit der Handfläche flach drücken. Mit einem Küchentuch abdecken und 30 Minuten ruhen lassen.

- Die beiden Flächen der Tortillapresse mit Pergament- oder Backpapier auslegen und den Teig zu dünnen Tortillas pressen. Wer keine Tortillapresse hat, kann die flachen Bällchen mit etwas Mehl bestreuen (nicht zu viel, sonst werden die Tortillas zu trocken) und nacheinander mit einem Nudelholz dünn ausrollen (ca. 10 cm Durchmesser).

- Eine Pfanne bei mittlerer Hitze erhitzen. Die Tortillas nacheinander darin ohne Fett von jeder Seite ca. 30 Sekunden anbraten, bis sich Luftblasen und bräunliche Flecken bilden.

- Damit die Tortillas warm bleiben, sofort nach dem Backen in ein sauberes Küchentuch wickeln.

- Sofort servieren.

Tortillas de maíz

Maistortillas

Die klassischen Maistortillas werden aus nixtamalisiertem Maismehl hergestellt. Das Besondere an diesem Mehl ist, dass es der sogenannten Nixtamalisation unterzogen wird. Dieses Verfahren macht den Mais leichter verdaulich, verbessert den Geschmack und macht aus ihm ein feines Mehl. Man findet dieses Mehl in mexikanischen oder lateinamerikanischen Supermärkten. Die bekannteste Marke ist Maseca.

10 Tortillas

Zubereitungszeit: 30 min
Koch- & Ruhezeit: 30 min

Glutenfrei: Ja

ZUTATEN:

- 200 g nixtamalisiertes Maismehl (z.B. Maseca)
- 1 TL Salz

AUßERDEM:

- 1 Tortillapresse (optional; siehe Hinweis im Rezept)
- Mehl für die Arbeitsfläche (siehe Hinweis im Rezept)
- etwas Pflanzenöl (optional; siehe Tipp)

WICHTIG:
Es muss nixtamalisiertes Maismehl verwendet werden, da dieses Rezept mit normalem Maismehl so nicht zubereitet werden kann.

ZUBEREITUNG:

- In einer großen Schüssel das Maismehl mit dem Salz vermischen. Langsam 200 ml lauwarmes Wasser zugeben und gut verrühren. Der Teig muss weich und leicht feucht sein.

- Den Teig 2–3 Minuten mit den Händen kneten, bis er weich ist. Die Schüssel mit einem Tuch abdecken und den Teig 20 Minuten ruhen lassen.

- Den Teig in 10 gleich große Bällchen formen. Die beiden Flächen der Tortillapresse mit Pergament- oder Backpapier auslegen und den Teig zu dünnen Tortillas pressen. Wer keine Tortillapresse hat, kann die flachen Bällchen mit etwas Mehl bestreuen (nicht zu viel, sonst werden die Tortillas zu trocken) und nacheinander mit einem Nudelholz dünn ausrollen (ca. 10 cm Durchmesser).

- Eine Pfanne stark erhitzen. Die Tortillas nun nacheinander darin ca. 1 Minute auf der ersten Seite und bis zu 2 Minuten auf der zweiten Seite anbraten. Darauf achten, dass sich kleine Blasen bilden und die Tortillas leicht braun werden.

- Die gebratenen Tortillas sofort in ein sauberes Küchentuch wickeln, damit sie warm bleiben.

TIPP: Du kannst auch etwas Öl in die Pfanne geben, um den Tortillas einen leicht gerösteten Geschmack zu geben.

Tostadas
Frittierte Tortillas

Tostadas sind knusprige Tortillas, die als Unterlage für verschiedene Beläge verwendet werden können. Häufig werden sie z. B. mit Bohnenmus bestrichen, mit einer Schicht Bratgut belegt und mit frischem Gemüse und Salat serviert. Normalerweise werden sie mit nixtamailisiertem Maismehl hergestellt. Hier findest du eine alternative Variante mit Maismehl und einer glutenfreien Universal-Mehlmischung.

ZUTATEN:

- 300 g Maismehl
- 150 g Mehlmix universal*
- 1 TL Salz
- Pflanzenöl

AUßERDEM:

- 1 Tortillapresse (optional; siehe Hinweis im Rezept)
- Mehl für die Arbeitsfläche (siehe Hinweis im Rezept)

* Hinweis: Glutenfrei, sofern keine glutenhaltigen Zusatzstoffe enthalten sind.

ZUBEREITUNG:

- Das Maismehl, den Mehlmix und das Salz in eine große Schüssel geben und gut vermischen. Langsam 300 ml lauwarmes Wasser zugeben und gut verrühren. Den Teig mit den Händen 2–3 Minuten zu einem weichen, leicht klebrigen Teig kneten und anschließend 10 Minuten ruhen lassen.

- Den Teig in 10 gleich große Bällchen teilen. Die beiden Flächen der Tortillapresse mit Pergament- oder Backpapier auslegen und den Teig zu dünnen Tortillas pressen. Alternativ können die Tortillas auch mit einem Nudelholz auf einer leicht bemehlten Arbeitsfläche dünn ausgerollt werden (nicht zu viel, sonst werden sie zu trocken).

- Etwas Öl in eine Pfanne geben (die Menge sollte ausreichen, um die Tortilla zu bedecken) und bei mittlerer Hitze erhitzen.

- Die Tortillas nun auf beiden Seiten 1–2 Minuten goldbraun backen. Achte darauf, dass sie nicht zu hart werden, sondern knusprig und goldbraun bleiben.

- Die gebackenen Tortillas auf Küchenpapier abtropfen und auskühlen lassen.

Arroz rojo
Mexikanischer roter Reis

Mexikanischer roter Reis ist eine beliebte Beilage in der mexikanischen ebenso wie in der Tex-Mex-Küche und eine leckere und würzige Abwechslung zum klassischen weißen Reis. Er passt z.B. hervorragend zu Burritos, Chiles relleno oder Fajitas.

Personen: 4

Zubereitungszeit: 5 min
Koch- & Ruhezeit: 40 min

Glutenfrei: Ja

ZUTATEN:

- 200 g Reis
- 4 ½ EL Pflanzenöl
- 2 Tomaten
- ½ weiße Zwiebel
- 1 Knoblauchzehe
- 2 Karotten
- 160 g TK-Erbsen
- 1 EL Gemüsebrühe (Pulver)*
- 1 Bund Koriandergrün
- 1 Bund glatte Petersilie

* Hinweis: Glutenfrei, sofern keine glutenhaltigen Zusatzstoffe enthalten sind.

ZUBEREITUNG:

- Den Reis in einen Topf mit heißem Wasser geben und 15 Minuten einweichen. In ein Sieb geben und abtropfen lassen, anschließend mit kaltem Wasser abbrausen, bis das Wasser klar ist. Den Reis gut abtropfen lassen.

- Das Öl in einem Topf bei mittlerer Hitze erhitzen. Den Reis kurz darin anbraten, dann erneut im Sieb abtropfen lassen.

- Die Tomaten waschen, halbieren, den Strunk entfernen und die Hälften in kleine Würfel schneiden. Die Würfel in einen Mixer geben. Die Zwiebel schälen und halbieren. Eine Hälfte in den Mixer geben. Die Knoblauchzehe schälen und ebenfalls in den Mixer geben. Etwas Wasser zugeben und Tomaten, Zwiebel und Knoblauch gut mixen, bis ein dickflüssiger Brei entsteht. Den Reis mit dem Brei in einen Topf geben und bei mittlerer Hitze kochen, bis der Reis den Brei vollständig aufgesogen hat.

- Die Karotten schälen, putzen, in kleine Würfel schneiden und zusammen mit den Erbsen in den Topf geben.

- 400 ml Wasser sowie die Gemüsebrühe hinzufügen und alles bei mittlerer Hitze zum Kochen bringen. Anschließend zugedeckt bei kleiner bis mittlerer Hitze garen, bis der Reis aufgequollen und das Wasser aufgesogen ist. Nach 10–15 Minuten kontrollieren, ob noch Wasser übrig ist. Ansonsten offen weiterköcheln lassen, bis die Flüssigkeit komplett verdampft ist. Anschließend etwas abkühlen lassen.

- Koriander und Petersilie waschen, die Blättchen abzupfen und fein hacken. Die Kräuter unter den Reis mischen und den Reis servieren.

Frijoles refritos Traditionelles Bohnenmus

Frijoles refritos sind gekochte, pürierte und in Öl frittierte Bohnen. Dadurch entsteht eine cremige Paste von weicher Konsistenz. Sie sind eine der Hauptbeilagen in Mexiko, werden aber auch gerne mit Totopos (Tortilla-Chips, Rezept auf Seite 168) als Vorspeise gegessen.

 Personen: 4

 Zubereitungszeit: 12 Stdn
Koch- & Ruhezeit: 90 min

 Glutenfrei: Ja

ZUTATEN:

- 1 kg schwarze Bohnen
- 2 weiße Zwiebeln
- 3 EL Pflanzenöl
- Salz

ZUM GARNIEREN

- veganer Hirtenkäse* (nach Belieben)
- ein paar Blätter glatte Petersilie (nach Belieben)

* Hinweis: Glutenfrei, sofern keine glutenhaltigen Zusatzstoffe enthalten sind.

ZUBEREITUNG:

- Die Bohnen über Nacht in Wasser einweichen.

- Die Bohnen abgießen und in einen großen Topf mit reichlich Wasser geben. Den Herd auf die höchste Stufe stellen und die Bohnen zum Kochen bringen. Sobald das Wasser kocht, den Herd auf eine niedrige Stufe stellen und die Bohnen 60–90 Minuten bei geschlossenem Deckel köcheln lassen, bis sie weich sind. Das Wasser abgießen und die Bohnen mit einem Stabmixer pürieren. Die Konsistenz sollte dickflüssig sein.

- Die Zwiebeln schälen und fein würfeln. Das Öl in einem großen Topf bei niedriger Hitze erhitzen. Die Zwiebeln zugeben und einige Minuten unter ständigem Rühren glasig dünsten. Die Bohnen zusammen mit 1 Prise Salz zu den Zwiebeln geben und alles noch einmal mit einem Stabmixer pürieren.

- Nach Belieben mit Salz abschmecken und servieren.

TIPP: Die Frijoles refritos können mit zerkrümeltem veganen Hirtenkäse und glatter Petersilie garniert werden.

BEILAGEN:

Pan de elote

Klassisches Brot aus Mais

Dieses Maisbrot eignet sich hervorragend als Beilage zu Suppen, Salaten oder einfach als leckere Zwischenmahlzeit. Ich liebe dieses goldbraune, saftige Brot vor allem wegen seines einzigartigen Maisgeschmacks!

 Personen: 8

 Zubereitungszeit: 5 min
Koch- & Ruhezeit: 25–30 min

 Glutenfrei: Ja

ZUTATEN:

- 100 g Mehlmix universal*
- 100 g Maismehl
- 25 g Zucker
- ½ TL Salz
- 2 TL Backpulver
- 200 ml Haferdrink*
- 3 Spritzer Limettensaft

AUẞERDEM:

- 1 Backform (ca. 20 x 10 x 10 cm)
- 25 g Margarine für die Form*

* Hinweis: Glutenfrei, sofern keine glutenhaltigen Zusatzstoffe enthalten sind.

ZUBEREITUNG:

- Den Backofen auf 200 °C (Umluft) vorheizen. Eine Backform (ca. 20 x 10 x 10 cm) mit Margarine fetten.

- Mehlmix, Maismehl, Zucker, Salz und Backpulver in einer Schüssel gut vermischen. Haferdrink und Limettensaft zur Mehlmischung geben und gut verrühren, bis ein glatter Teig entsteht. Den Teig gleichmäßig in die gefettete Form füllen.

- Das Brot im heißen Ofen (Mitte) 25–30 Minuten backen, bis die Oberseite leicht goldbraun ist. Die Stäbchenprobe mit einem Holzspieß machen: Bleibt kein Teig daran haften, ist das Brot fertig. Aus dem Ofen nehmen und in der Form etwas abkühlen lassen.

- Das abgekühlte Maisbrot in Scheiben schneiden und nach Belieben servieren. Kühl und trocken gelagert hält sich das Brot 2–3 Tage.

Tacos al pastor
Würzige Seitan-Tacos mit Ananas

Tacos al pastor sind der unbestrittene Klassiker der mexikanischen Küche und ein lebendiges Zeugnis der kulturellen Vielfalt des Landes. Die von libanesischen Einwanderern inspirierten Tacos vereinen zart mariniertes Schweinefleisch mit süßen Ananasstücken und scharfen Gewürzen. Ein Biss in einen Taco al pastor ist nicht nur ein kulinarisches Erlebnis, sondern auch eine Reise durch die reiche Geschichte Mexikos. Die gute Nachricht ist, dass wir diese Reise auch ohne tierische Zutaten antreten können.

 Personen: 2  Zubereitungszeit: 10 min
Koch- & Ruhezeit: 3,15 Stdn  8 Tacos  Scharf: Ja

ZUTATEN:

- 200 g Seitan (natur)
- 80 g Adobo al pastor (Gewürzpaste, Rezept auf Seite 133)
- 50 g Ananas (aus der Dose; Abtropfgewicht)
- Pflanzenöl

ZUM GARNIEREN:

- 1 weiße Zwiebel
- 1 Bund Koriandergrün
- 4 Limetten

AUßERDEM:

- 8 kleine Maistortillas (Rezept auf Seite 63)*
- Salsa verde (Grüne Soße; Rezept auf Seite 138) oder Salsa ranchera (Tomaten-Jalapeño-Soße; Rezept auf Seite 141); nach Belieben

ZUBEREITUNG:

- Den Seitan in ca. 5 cm lange Streifen schneiden und in eine Schüssel geben. Die Würzpaste hinzufügen und alles gut mischen. Die Schüssel mit Frischhaltefolie abdecken und den Seitan mindestens 3 Stunden zugedeckt marinieren lassen.

- Die Ananas in kleine Würfel (ca. 1 cm x 1 cm) schneiden. Eine beschichtete Pfanne bei mittlerer bis starker Hitze erhitzen und die gewürzten Seitanstreifen sowie die Ananaswürfel mit etwas Öl darin anbraten.

- Die Zwiebel schälen, halbieren, fein hacken und in eine Schüssel geben. Koriander waschen, Blättchen abzupfen, fein hacken und zu den Zwiebeln geben. Gut vermischen.

- Die Tortillas in einer Pfanne ohne Fett bei mittlerer Hitze von beiden Seiten nacheinander erwärmen. Anschließend in ein sauberes Küchentuch einwickeln, damit sie warm bleiben.

- Die Tortillas mit dem gewürzten Seitan belegen, mit den fein gehackten Zwiebeln und dem Koriander garnieren und servieren.

- Die Limetten halbieren. Jeder kann sie am Tisch über die Tacos pressen und nach Belieben mit Soße würzen.

* Hinweis: Glutenfrei, sofern keine glutenhaltigen Zusatzstoffe enthalten sind.

Tacos de „pollo" vegano con mole

Herzhafte Jackfruit-Tacos mit Mole-Soße

Tacos de pollo aus Jackfruit sind eine köstliche vegane Variante dieses klassischen mexikanischen Gerichts. Die Jackfruit ist für ihre Vielseitigkeit bekannt und nimmt die Aromen der Gewürze perfekt auf, während sie ihre zarte, fleischähnliche Textur beibehält.

Personen: 2

Zubereitungszeit: 5 min
Koch- & Ruhezeit: 10 min

8 Tacos

Scharf: Ja

Glutenfrei: Ja

ZUTATEN:

- 1 Dose Jackfruit (400 g Füllgewicht; 225 g Abtropfgewicht)
- 1 weiße Zwiebel
- 1 EL Pflanzenöl
- 150 g Mole poblano (Rezept auf Seite 128)
- 4 TL Sesam

AUßERDEM:

- 8 Maistortillas (Rezept auf Seite 63)*

* Hinweis: Glutenfrei, sofern keine glutenhaltigen Zusatzstoffe enthalten sind.

ZUBEREITUNG:

- Die Jackfruit aus der Dose nehmen, die Flüssigkeit mit der Hand ausdrücken und die Jackfruit in eine Schüssel geben. Mit den Händen in feine Streifen zupfen. Die Zwiebel schälen und fein hacken.

- Das Öl in einer beschichteten Pfanne bei mittlerer Hitze erhitzen und die Zwiebeln einige Minuten unter ständigem Rühren darin glasig dünsten. Die Jackfruit zu den Zwiebeln geben und einige Minuten anbraten. Nun die Mole dazugeben und gut umrühren, bis die Mole heiß ist.

- Eine Pfanne bei mittlerer Hitze erhitzen. Den Sesam darin unter ständigem Rühren rösten, bis er anfängt zu duften. In eine Schüssel geben und abkühlen lassen.

- Die Tortillas in derselben Pfanne bei mittlerer Hitze ohne Fett von beiden Seiten nacheinander erwärmen. Anschließend in ein sauberes Küchentuch wickeln, damit sie warm bleiben.

- Die Tortillas mit der Jackfruit und Mole füllen, mit Sesam garnieren und servieren.

Tacos „cochinita" pibil
Pikante Jackfruit-Tacos

Diese Tacos sind eine innovative und köstliche Variante eines traditionellen mexikanischen Gerichts. Inspiriert von der klassischen Cochinita pibil, die normalerweise aus mariniertem Schweinefleisch besteht, verwendet diese vegane Version zarte Jackfruitstücke, die in einer aromatischen Mischung aus Gewürzen mariniert werden. Das Ergebnis ist eine herzhafte und würzige Taco-Füllung, die jeden Gaumen erfreut.

 Personen: 2  Zubereitungszeit: 10 min
Koch- & Ruhezeit: 3,3 Std  8 Tacos  Scharf: Ja  Glutenfrei: Ja

ZUTATEN:

- 1 Dose Jackfruit (400 g Füllgewicht; 225 g Abtropfgewicht)
- 90 g Adobo pibil (Gewürzpaste; Rezept auf Seite 134)

ZUM GARNIEREN:

- 1 rote Zwiebel (alternativ in Essig eingelegte rote Zwiebeln)
- 1 Stängel Koriandergrün
- 4 Limetten

AUSSERDEM:

- 8 kleine Maistortillas (Rezept auf Seite 63)*
- Salsa verde (Grüne Sauce; Rezept auf Seite 138) oder Salsa ranchera (Tomaten-Jalapeño-Soße; Rezept auf Seite 141); nach Belieben

ZUBEREITUNG:

- Die Jackfruit aus der Dose nehmen, die Flüssigkeit von Hand ausdrücken und die Jackfruit in eine Auflaufform geben. Mit zwei Gabeln in feine Streifen zupfen. Die Gewürzpaste zur Jackfruit geben und gut vermischen. Die Auflaufform mit Frischhaltefolie abdecken und die Jackfruit mindestens 3 Stunden marinieren lassen.

- Den Backofen auf 180°C (Ober-/Unterhitze) vorheizen und eine große, mit Wasser gefüllte Auflaufform in den unteren Teil des Ofens stellen. Die marinierte Jackfruit mit Alufolie abdecken und 30 Minuten im heißen Ofen (Mitte) garen.

- In der Zwischenzeit die Zwiebel schälen, halbieren und in Streifen schneiden. Den Koriander waschen, die Blättchen abzupfen und fein hacken.

- Die Tortillas in einer Pfanne bei mittlerer Hitze ohne Fett kurz von beiden Seiten nacheinander erwärmen. Anschließend in ein sauberes Küchentuch einwickeln, damit sie warm bleiben.

- Die Tortillas mit der Jackfruit belegen, mit Zwiebeln und Koriander garnieren und servieren. Die Limetten halbieren. Jeder kann sie am Tisch über die Tacos pressen und nach Belieben mit Soße würzen.

* Hinweis: Glutenfrei, sofern keine glutenhaltigen Zusatzstoffe enthalten sind.

HINWEIS: Tacos mit Cochinita pibil werden klassischerweise mit roten eingelegten Zwiebeln serviert. Alternativ kannst du auch eine normale rote Zwiebel zum Garnieren verwenden.

FUN FACT:

Angeblich kommt der Name Bistek vom englischen „Beef Steak".

Tacos de „bistec"
Seitan-Tacos nach traditioneller Art

Diese Tacos sind ein Klassiker und die perfekte Wahl für alle, die es etwas weniger scharf mögen. Normalerweise werden hauchdünne Rindfleischstreifen verwendet, aber ich nehme stattdessen Seitan.

 Personen: 2  Zubereitungszeit: 10 min
Koch- & Ruhezeit: 40 min  8 Tacos

ZUTATEN:

- 100 g Seitanpulver
- Salz

FÜR DIE MARINADE:

- 2 TL Knoblauchpulver
- 2 TL Zwiebelpulver
- 1 TL gemahlener Pfeffer
- Salz
- 2 TL getrockneter Oregano
- 1 TL gemahlener Kreuzkümmel
- 6 EL Olivenöl

ZUM GARNIEREN:

- 2 weiße Zwiebeln
- 1 Bund Koriandergrün
- 2 Limetten

AUßERDEM:

- 8 kleine Maistortillas (Rezept auf Seite 63)*
- Salsa verde (Grüne Soße; Rezept auf Seite 138) oder Salsa ranchera (Tomaten-Jalapeño-Soße; Rezept auf Seite 141); nach Belieben

ZUBEREITUNG:

- Das Seitanpulver mit 110 ml Wasser mischen und kneten. Seitan anschließend in 2 cm x 0,5 cm große Streifen schneiden und in kochendem Salzwasser ca. 20 Minuten garen.

- In der Zwischenzeit für die Marinade Knoblauch- und Zwiebelpulver, Pfeffer, 1 Prise Salz, Oregano und Kreuzkümmel in eine große Schüssel geben und vermischen. Olivenöl zugeben und gut verrühren.

- Die Seitanstreifen in ein Sieb geben, etwas abkühlen lassen und leicht ausdrücken. Die Streifen sind im Wasser etwas aufgequollen, daher noch einmal in 2 cm x 0,5 cm große Streifen schneiden. Die Seitanstreifen in die Schüssel mit der Marinade geben und gut vermengen. Eine beschichtete Pfanne bei mittlerer bis starker Hitze erhitzen und die marinierten Seitanstreifen darin anbraten.

- Die Zwiebeln schälen, halbieren, fein hacken und in eine kleine Schüssel geben. Den Koriander waschen, die Blättchen abzupfen, fein hacken und zu den Zwiebeln geben. Die Limetten halbieren und den Saft in die Schüssel pressen. 1 Prise Salz zugeben und gut mischen.

- Die Tortillas in einer Pfanne bei mittlerer Hitze ohne Fett von beiden Seiten nacheinander erwärmen. Anschließend in ein sauberes Küchentuch einwickeln, damit sie warm bleiben.

- Die Tortillas mit dem gewürzten Seitan belegen und mit der Zwiebel-Koriander-Limetten-Soße garnieren und servieren. Nach Belieben weitere Soßen dazu reichen.

* Hinweis: Glutenfrei, sofern keine glutenhaltigen Zusatzstoffe enthalten sind.

Tacos de chorizo y papa
Würzige Kartoffel-Chorizo-Tacos

Diese Tacos sind eine Hommage an die Vielseitigkeit der Kartoffel, die nicht nur hier in Deutschland, sondern auch in der mexikanischen Küche sehr beliebt ist. Die würzige Füllung aus Kartoffeln und Tofu-Chorizo wird mit frischem Koriander, roten Zwiebeln und einem Spritzer Limettensaft verfeinert.

 Personen: 2  Zubereitungszeit: 10 min
Koch- & Ruhezeit: 30 min  8 Tacos  Scharf: Ja  Glutenfrei: Ja

ZUTATEN:

- 150 g festkochende Kartoffeln
- Salz
- 75 g Tofu (natur)
- 80 g Adobo chorizo (Gewürzpaste; Rezept auf Seite 137)
- 1 weiße Zwiebel
- 4 EL Pflanzenöl

ZUM GARNIEREN:

- ½ rote Zwiebel
- 1 kleines Bund Koriandergrün
- 4 Limetten

AUßERDEM:

- 8 Maistortillas (Rezept auf Seite 63)*
- Salsa macha (scharfe Chilisoße; Rezept auf Seite 142); nach Belieben

* Hinweis: Glutenfrei, sofern keine glutenhaltigen Zusatzstoffe enthalten sind.

ZUBEREITUNG:

- Die Kartoffeln schälen und in kleine Würfel schneiden. Einen Topf etwa zur Hälfte mit Salzwasser füllen und zum Kochen bringen. Die Kartoffelwürfel ca. 5 Minuten darin kochen, bis sie leicht weich sind.

- Den Tofu mit einem Messer oder den Händen zerkrümeln und in eine große Schüssel geben. Die Chorizo-Gewürzpaste dazugeben und alles gut vermischen.

- Die weiße Zwiebel schälen und fein hacken. Das Öl in eine Pfanne geben und die Zwiebel unter ständigem Rühren bei mittlerer Hitze einige Minuten darin glasig dünsten. Tofu und Kartoffeln zugeben und alles 10–15 Minuten anbraten, bis die Flüssigkeit der Gewürzpaste verdampft ist, und das Bratgut zu brutzeln beginnt.

- Die Tortillas in einer Pfanne bei mittlerer Hitze ohne Fett von beiden Seiten nacheinander erwärmen. Anschließend in einem sauberen Küchentuch warm halten.

- Die rote Zwiebel schälen, halbieren, fein hacken und in eine kleine Schüssel geben. Koriander waschen, Blättchen abzupfen, fein hacken, zu den Zwiebeln geben und alles gut vermischen.

- Die Tortillas nacheinander mit der Kartoffel-Tofu-Mischung belegen, mit den Zwiebeln und dem Koriander garnieren und servieren.

- Die Limetten halbieren. Jeder kann sie am Tisch nach Belieben über die Tacos pressen. Dazu passt Salsa macha.

Tacos de rajas con crema vegana
Gemüse-Tacos mit veganer Creme

Tacos de rajas con crema ist ein köstliches Gericht, das den Geschmack von gerösteten Poblano-Chilischoten mit einer cremigen Soße verbindet. In diesem Rezept habe ich die Poblanos durch grüne Paprika ersetzt. Die cremige vegane Soße verleiht den Tacos eine reichhaltige Textur und einen köstlichen Geschmack.

 Personen: 2  Zubereitungszeit: 5 min
Koch- & Ruhezeit: 15 min  8 Tacos  Glutenfrei: Ja

ZUTATEN:

- 1 weiße Zwiebel
- 2 grüne Paprikaschoten
- 1 Knoblauchzehe
- 70 g Mais (Abtropfgewicht; aus der Dose)*
- 2 EL Pflanzenöl
- 150 g vegane Creme*
- 1 EL getrockneter Oregano
- ½ TL gemahlener Kreuzkümmel
- Salz und Pfeffer

AUßERDEM:

- 8 Maistortillas (Rezept auf Seite 63)*

* Hinweis: Glutenfrei, sofern keine glutenhaltigen Zusatzstoffe enthalten sind.

ZUBEREITUNG:

- Die Zwiebel schälen, halbieren und in Streifen schneiden. Die Paprikaschoten putzen, waschen und in feine Streifen schneiden. Die Knoblauchzehe schälen und fein hacken. Den Mais in ein Sieb abgießen, kalt abbrausen und abtropfen lassen.

- Das Öl in eine Pfanne geben und die Zwiebel darin unter ständigem Rühren bei mittlerer Hitze einige Minuten glasig dünsten. Mais und Paprika dazugeben und ca. 4 Minuten anbraten, bis die Paprika weich ist. Die Hitze reduzieren, den Knoblauch dazugeben und ca. 2 Minuten mitbraten.

- Vegane Creme, Oregano sowie Kreuzkümmel dazugeben und gut verrühren. Mit Salz und Pfeffer abschmecken und die Herdplatte ausstellen.

- Die Tortillas in einer Pfanne bei mittlerer Hitze ohne Fett von beiden Seiten nacheinander erwärmen. Anschließend in einem sauberen Küchentuch warm halten.

- Tortillas nacheinander mit Rajas con crema belegen und servieren.

Tacos de berenjena frita

Knusprig frittierte Auberginen-Tacos

Diese Tacos sind eine leckere vegane Variante der beliebten frittierten Fisch-Tacos. Bei diesem Rezept werden dünne Stifte aus Auberginen paniert und knusprig frittiert, um eine herrlich knusprige Textur zu erhalten. Die panierten Auberginen werden dann in warmen Maistortillas mit frischem Rotkohlsalat serviert. Diese Tacos haben den gleichen knusprigen Biss wie frittierter Fisch, aber mit einem leckeren veganen Twist.

 Personen: 2  Zubereitungszeit: 10 min
Koch- & Ruhezeit: 30 min  8 Tacos

ZUTATEN:

- 1 große Aubergine

FÜR DIE PANADE:

- 150 g Weizenmehl
- 1 TL Backpulver
- ¼ TL getrockneter Oregano
- 2 EL Paprikapulver
- 2 TL Salz
- 240 ml helles mexikanisches Bier (z.B. Corona; alternativ ein anderes helles Bier)
- Pflanzenöl (zum Braten)

FÜR DEN ROTKOHLSALAT:

- 1 kleiner Rotkohl (ca. 500 g)
- 3 EL vegane Mayonnaise*
- 1 Limette
- Salz

ZUBEREITUNG:

- Die Aubergine waschen, den Stielansatz entfernen und in 1 cm dicke Scheiben schneiden. Die Scheiben nochmals in 1 cm breite Stifte schneiden und diese halbieren.

- Für die Panade Weizenmehl, Backpulver, Oregano, Paprikapulver und Salz in eine Schüssel geben und gut vermischen. Das Bier langsam zugeben und gut verrühren.

- Reichlich Öl in einer Pfanne bei mittlerer Hitze erhitzen. Mit einem Holzstäbchen die Hitze-Probe machen: Bilden sich kleine Bläschen um das Holz, ist das Öl heiß genug. Die Auberginenstücke nacheinander zuerst in die Biermischung und dann in das Öl geben. Etwa fünf Minuten frittieren, oder bis alle Ränder goldbraun sind und die Auberginen gar sind. Dabei nicht zu viele auf einmal in das Öl geben, da es sonst nicht heiß genug zum Frittieren bleibt. Die gebratenen Auberginen zum Abtropfen auf Küchenpapier legen.

- Für den Rotkohlsalat den Rotkohl putzen, den Strunk herausschneiden und vierteln. In dünne Scheiben schneiden und in eine mittelgroße Schüssel geben. Die vegane Mayonnaise, den Saft der Limette und 1 Prise Salz dazugeben und gut verrühren.

Fortsetzung »

AUßERDEM:

- 8 Maistortillas (Rezept auf Seite 63)*

* Hinweis: Glutenfrei, sofern keine glutenhaltigen Zusatzstoffe enthalten sind.

- Die Tortillas in einer Pfanne bei mittlerer Hitze ohne Fett von beiden Seiten erwärmen. Anschließend in ein sauberes Küchentuch einwickeln, damit sie warm bleiben.

- Die Tortillas nacheinander mit 2–3 Auberginenstücken belegen, darauf jeweils 1–2 EL Rotkohlsalat geben und sofort servieren.

Tacos de berenjena

Tacos mit schmackhaften Auberginenstreifen

Auf der Suche nach neuen Füllungen für Tacos war ich von der Vielseitigkeit der Aubergine überrascht. Nach dem Backen werden die Auberginen abgekühlt, geschält, das Fruchtfleisch in Streifen geschnitten, mit Gewürzen gewürzt und erneut gebacken. Die zarten Streifen eignen sich hervorragend als Taco-Füllung und können mit verschiedenen Toppings serviert werden.

8 Tacos

Scharf: Ja

Glutenfrei: Ja

ZUTATEN:

- 2 Auberginen
- 2 TL Knoblauchpulver
- 2 TL Zwiebelpulver
- 1 TL gemahlener Pfeffer
- 1 TL Salz
- ½ TL gemahlener Kreuzkümmel
- 2 TL geschrotete Guajillo-Chilis

ZUM GARNIEREN:

- 1 rote Zwiebel
- 1 kleines Bund Koriandergrün
- 4 Limetten

ZUBEREITUNG:

- Den Backofen auf 200 °C (Ober-/Unterhitze) vorheizen. Die Auberginen waschen und auf einem mit Backpapier ausgelegten Backblech ca. 20 Minuten backen, bis sie weich sind. Aus dem Ofen nehmen und ca. 10 Minuten abkühlen lassen. Mit einem Küchenmesser die Haut rundum abziehen und das Fruchtfleisch mit zwei Gabeln in Streifen zupfen.

- Knoblauch- und Zwiebelpulver, Pfeffer, Salz, Kreuzkümmel und Guajillo-Chili in eine Schüssel geben und gut vermischen. Die Auberginenstreifen zu der Gewürzmischung geben und gut vermischen. Die gewürzten Auberginenstreifen erneut auf das Backblech geben und im heißen Ofen (Mitte) 10 Minuten backen.

- In der Zwischenzeit die Zwiebel schälen, halbieren, fein hacken und in eine kleine Schüssel geben. Koriander waschen, Blättchen abzupfen, fein hacken und zu den Zwiebeln geben. Gut mischen.

Fortsetzung »

AUßERDEM:

- 8 kleine Maistortillas (Rezept auf Seite 63)*
- Salsa ranchera (Tomaten-Jalapeño-Soße; Rezept auf Seite 141); nach Belieben

* Hinweis: Glutenfrei, sofern keine glutenhaltigen Zusatzstoffe enthalten sind.

- Die Tortillas in einer Pfanne bei mittlerer Hitze ohne Fett nacheinander von beiden Seiten erwärmen. In einem sauberen Küchentuch warm halten.

- Anschließend die Tortillas mit den gewürzten Auberginenstreifen belegen und mit den fein gehackten Zwiebeln und dem Koriander garnieren.

- Die Limetten halbieren. Jeder kann sie am Tisch nach Belieben über die Tacos pressen. Wer es gerne etwas schärfer mag, reicht nach Belieben Salsa ranchera dazu.

Tacos de birria
Tacos mit scharfer Birria-Brühe

Tacos de birria sind eine traditionelle mexikanische Spezialität, die mit einer kräftigen Brühe serviert wird. Besonders beliebt sind sie zu besonderen Anlässen wie Taufen, Weihnachten oder Hochzeiten, wo sie die festliche Stimmung abrunden, aber auch eine beliebte Lösung für den „harten Morgen danach" sind. Die würzige Brühe ist wie die warme Sonne über den eisigen Gipfeln des Iztaccíhuatl (dem dritthöchsten Berg Mexikos), die selbst die hartnäckigsten Katergeister zum Schmelzen bringt.

 Personen: 2  Zubereitungszeit: 15 min
Koch- & Ruhezeit: 20 min  8 Tacos  Scharf: Ja  Glutenfrei: Ja

ZUTATEN:

- 2 Tomaten
- 1 weiße Zwiebel
- 1 Knoblauchzehe
- 2 TL geschrotete Guajillo-Chilis
- 4 TL geschrotete Ancho-Chilis
- 1 EL Pflanzenöl
- 250 g Kräuterseitlinge
- 1 Zimtstange
- ½ TL gemahlener Kreuzkümmel
- ½ TL getrockneter Oregano
- 1 Lorbeerblatt
- 1 TL Gemüsebrühe (Pulver)*
- Salz

ZUM GARNIEREN:

- 1 rote Zwiebel
- 1 kleines Bund Koriandergrün
- 4 Limetten

ZUBEREITUNG:

- Tomaten waschen, halbieren und den Strunk entfernen. Die weiße Zwiebel schälen und halbieren, Knoblauchzehe schälen. Alles in einer Pfanne bei mittlerer Hitze ca. 3 Minuten anbraten.

- Die gerösteten Tomaten, die Zwiebel und die Knoblauchzehe in einen Mixer geben. 100 ml Wasser sowie die Guajillo- und Ancho-Chilis hinzufügen und so lange mixen, bis eine gleichmäßige Brühe entsteht. Das Öl in einem Topf bei mittlerer Hitze erhitzen und die Brühe 3–5 Minuten darin köcheln lassen, bis sie etwas dunkler geworden ist.

- In der Zwischenzeit die Kräuterseitlinge putzen und mit den Händen oder zwei Gabeln in dünne, kurze Streifen zerteilen. Anschließend mit 480 ml Wasser, der Zimtstange, Kreuzkümmel, Oregano, dem Lorbeerblatt und der Gemüsebrühe in die kochende Brühe geben und 15–20 Minuten kochen lassen, bis die Kräuterseitlinge weich sind und den Geschmack der Brühe angenommen haben. Die Brühe zum Schluss vorsichtig mit Salz abschmecken. Den Herd ausschalten, die Kräuterseitlinge mit einem Sieb aus der heißen Brühe nehmen und beiseitestellen.

- Die rote Zwiebel schälen, halbieren und fein hacken. Den Koriander waschen, die Blättchen abzupfen und fein hacken. Beides zum Servieren separat in Schälchen füllen.

Fortsetzung »

AUßERDEM:

- 8 kleine Maistortillas (Rezept auf Seite 63)*

* Hinweis: Glutenfrei, sofern keine glutenhaltigen Zusatzstoffe enthalten sind.

- Die Tortillas in einer Pfanne bei mittlerer Hitze mit etwas Brühe aus dem Topf (2 EL Brühe pro Tortilla) nacheinander erwärmen, bis sie die Brühe aufgesogen haben. Mit den Kräuterseitlingen belegen.

- Die Limetten halbieren. Die warme Brühe auf 2 Schalen verteilen. Die Tacos servieren. Am Tisch kann jeder die Brühe mit Koriander, gehackter Zwiebel und Limettensaft nach Belieben abschmecken.

Fajitas de verdura

Die weltberühmten Gemüse-Fajitas

Gemüse-Fajitas sind die perfekte Wahl, wenn du auf der Suche nach einem unkomplizierten und dennoch leckeren Gericht bist. Ich mache sie sehr gerne, wenn ich Besuch von Freund:innen bekomme, denn mit Fajitas kann man einfach nichts falsch machen. Ob du Paprika, Zwiebeln, Karotten oder Zucchini verwendest, die Gemüsevielfalt bietet unendlich viele Kombinationsmöglichkeiten.

Personen: 2

Zubereitungszeit: 10 min
Koch- & Ruhezeit: 35 min

8 Tacos

ZUTATEN:

- 1 weiße Zwiebel
- 2 Karotten
- 1 gelbe Paprikaschote
- 1 grüne Paprikaschote
- 1 kleine Zucchini
- 2 Knoblauchzehen
- 2 EL Pflanzenöl
- 1 EL getrockneter Oregano
- ½ TL gemahlener Kreuzkümmel
- Salz
- 1 TL gemahlener Pfeffer

ZUM GARNIEREN:

- 2 Limetten

AUßERDEM:

- 8 Weizentortillas (Rezept auf Seite 60)

ZUBEREITUNG:

- Die Zwiebel schälen, halbieren und in Streifen schneiden. Karotten schälen, putzen und in Julienne schneiden. Paprikaschoten putzen, waschen und in feine Streifen schneiden. Die Zucchini waschen, putzen und ebenfalls in Julienne schneiden. Knoblauch schälen und fein hacken.

- Öl in einer großen Pfanne erhitzen und die Zwiebel bei mittlerer Hitze unter ständigem Rühren 4–5 Minuten glasig dünsten. Karottenstreifen dazugeben und zugedeckt 5 Minuten dünsten. Ab und zu umrühren, damit sie nicht anbrennen. Paprika zugeben und bei geschlossenem Deckel 5 Minuten braten, gelegentlich umrühren. Zum Schluss die Zucchini dazugeben und weitere 10 Minuten ohne Deckel braten.

- Den Knoblauch dazugeben, das Gemüse mit den Gewürzen würzen und alles gut mischen. Weitere 10 Minuten ohne Deckel braten, bis das Gemüse anfängt, braun zu werden. Mit Salz und Pfeffer abschmecken.

- Die Tortillas in einer Pfanne bei mittlerer Hitze ohne Fett von beiden Seiten nacheinander erwärmen. In einem sauberen Küchentuch warm halten. Die Tortillas anschließend nacheinander mit dem Gemüse belegen.

- Die Limetten halbieren. Jeder kann sie am Tisch nach Belieben über die Tacos pressen.

Tacos de perejil frito
Gebratene Petersilien-Tacos

Es ist ein einzigartiges und köstliches Gericht, zu dem mich mein Vater Pepe inspiriert hat, der nicht gerne kocht, aber sehr gerne in gute Restaurants geht und die moderne mexikanische Küche liebt. Der Kontrast zwischen der knusprigen Petersilie und der samtigen Guacamole ist einfach unwiderstehlich! Er verleiht jedem Bissen eine unvergleichliche Textur und einen sensationellen Geschmack.

8 Tacos

Zubereitungszeit: 10 min
Koch- & Ruhezeit: 10 min

ZUTATEN:

- 2 große Bund glatte Petersilie
- Pflanzenöl (zum Braten)
- Salz
- 1 EL geschrotete Jalapeño-Chilis (nach Belieben)
- 1 Portion Guacamole (Rezept auf Seite 26)

AUßERDEM:

- 8 Weizentortillas (Rezept auf Seite 60)

ZUBEREITUNG:

- Die Petersilie waschen und die Blätter abzupfen. Das Öl in einem Topf oder einer Pfanne erhitzen. Die Petersilienblätter vorsichtig in das heiße Öl geben und kurz knusprig frittieren. Auf Küchenpapier abtropfen lassen.

- Die frittierte Petersilie leicht salzen und nach Belieben mit geschroteten Jalapeños garnieren.

- Die Weizentortillas in einer Pfanne ohne Fett nacheinander von beiden Seiten erwärmen, bis sie weich sind. In einem sauberen Küchentuch warm halten.

- Jede Tortilla mit reichlich Guacamole bestreichen. Die frittierte Petersilie auf die Guacamole legen.

- Sofort servieren und genießen!

TIPP: Wer es etwas schärfer mag, kann die Sopes mit einer Soße nach Wahl würzen.

Sopes
Vielseitiges mexikanisches Streetfood

Als ich in Mexiko aufwuchs, waren Sopes ein fester Bestandteil der Mahlzeiten meiner Familie. Dieses vielseitige Gericht bot jedem die Möglichkeit, seine Lieblingszutaten hinzuzufügen. So gab es weniger Diskussionen am Tisch, und jeder konnte sich sein Essen nach seinem Geschmack zusammenstellen.

Personen: 3

Zubereitungszeit: 10 min
Koch- & Ruhezeit: 20 min

6 Sopes

ZUTATEN:

FÜR DEN TEIG:

- 300 g Weizenmehl
- Salz

ZUM GARNIEREN:

- ¼ Romanasalatherz
- 1 Avocado
- 3 Radieschen
- 150 g vegane Creme*
- 75 g veganer Hirtenkäse*
- 6 EL Pico de gallo (Rezept auf Seite 127)

AUßERDEM:

- Mehl für die Arbeitsfläche
- 4 EL Pflanzenöl
- 200 g Bohnenmus (Rezept auf Seite 68)

* Hinweis: Glutenfrei, sofern keine glutenhaltigen Zusatzstoffe enthalten sind.

ZUBEREITUNG:

- Für den Teig Mehl und 1 EL Salz in eine große Schüssel geben und mischen. Langsam 150 ml lauwarmes Wasser zugeben und gut verrühren. Mit den Händen zu einem weichen, glatten Teig verkneten. Wenn der Teig zu klebrig ist, etwas Mehl hinzufügen. Ist der Teig zu trocken, etwas Wasser hinzufügen. Den Teig in 6 gleich große Kugeln teilen.

- Die Kugeln auf der leicht bemehlten Arbeitsfläche (nicht zu viel, sonst werden sie zu trocken) mit der Handfläche flach drücken und etwas dickere Tortillas (ca. 1 cm dick) daraus formen. Mit den Fingern kleine Ränder eindrücken, damit die Füllung später besser hält.

- Das Öl in einer Pfanne bei mittlerer bis starker Hitze erhitzen und die Sopes nacheinander leicht knusprig ausbacken, dann auf Küchenpapier abtropfen lassen.

- Das Bohnenmus in einer Pfanne erhitzen und je 3–4 EL pro Sope gleichmäßig darauf verteilen.

- Den Salat waschen, den Strunk großzügig abschneiden, die Blätter in kleine Streifen schneiden. Die Avocado halbieren, die Schale und den Kern entfernen und das Fruchtfleisch würfeln. Die Radieschen waschen, putzen und in kleine Würfel schneiden. Alles gleichmäßig über den Sopes verteilen.

- Die Sopes mit der veganen Creme übergießen und mit dem geriebenen veganen Hirtenkäse garnieren. Mit 1 Prise Salz abschmecken und auf jede Sope je 1 EL Pico de gallo geben. Sofort servieren.

Huaraches de chorizo
Maisfladen mit veganer Chorizo

Der Name Huaraches leitet sich vom spanischen Wort für „Sandalen" ab, da die längliche Form der Maisfladen an eine Sandale erinnert. In dieser Version sind die Huaraches mit würziger veganer Chorizo aus Champignons und Tofu belegt, was ihnen eine herzhafte und delikate Note verleiht.

 Personen: 6

 Zubereitungszeit: 15 min
Koch- & Ruhezeit: 25 min

 6 Huaraches

 Scharf: Ja

 Glutenfrei: Ja

ZUTATEN:

FÜR DIE HUARACHES:

- 150 g Maismehl
- 150 g Mehlmix universal*
- 1 EL Salz
- 4–6 EL Pflanzenöl

FÜR DEN CHORIZO-BELAG:

- 200 g Champignons
- 200 g Tofu (natur)
- 220 g Adobo chorizo (Gewürzpaste; Rezept auf Seite 137)
- 1 kleine weiße Zwiebel
- 2 EL Pflanzenöl

ZUBEREITUNG:

- Maismehl, Mehlmix und Salz in eine große Schüssel geben und vermischen. Langsam 150 ml lauwarmes Wasser zugeben und gut verrühren. Mit den Händen zu einem weichen, glatten Teig kneten. Wenn der Teig zu klebrig ist, etwas Mehl hinzufügen. Ist der Teig zu trocken, etwas Wasser hinzufügen. Den Teig in 6 gleich große Kugeln teilen.

- Die Bällchen mit den Handflächen auf einer leicht bemehlten Arbeitsfläche zu länglichen Ovalen (ca. 1 cm dick) flach drücken.

- In einer Pfanne 4 EL Öl in der Pfanne bei mittlerer bis starker Hitze erhitzen. Die Huaraches nacheinander darin von beiden Seiten braten, bis sie leicht knusprig sind. Anschließend auf Küchenpapier abtropfen lassen. Bei Bedarf Öl nachgießen.

- Für den Chorizo-Belag die Champignons putzen und den unteren Teil abschneiden. Die Köpfe in einer Küchenmaschine zerkleinern und in eine große Schüssel geben. Anschließend den Tofu in der Küchenmaschine zerkleinern und zu den Champignons in die Schüssel geben. Die Chorizo-Gewürzpaste dazugeben und alles gut vermischen.

Fortsetzung »

ZUM GARNIEREN:

- ¼ Romanasalatherz
- 1 rote Zwiebel
- 150 g vegane Creme*

AUßERDEM:

- Mehl für die Arbeitsfläche
- 250 g Bohnenmus
(Rezept auf Seite 68)

* Hinweis: Glutenfrei, sofern keine glutenhaltigen Zusatzstoffe enthalten sind.

- Die weiße Zwiebel schälen und fein hacken. Das Öl in einer Pfanne bei mittlerer Hitze erhitzen und die Zwiebeln darin anbraten, bis sie glasig werden. Die Champignon-Tofu-Chorizo in die Pfanne geben und 10–15 Minuten anbraten, bis die Flüssigkeit verdampft ist, und die Mischung anfängt zu brutzeln.

- In der Zwischenzeit das Bohnenmus in einer Pfanne erwärmen und je 3–4 EL Bohnenmus pro Huarache gleichmäßig darüber verteilen. Die Huaraches anschließend mit der Champignon-Tofu-Chorizo belegen.

- Den Salat waschen, den Strunk großzügig abschneiden, die Blätter in feine Streifen schneiden und auf den Huaraches verteilen. Die rote Zwiebel schälen, halbieren und in Streifen schneiden.

- Zum Schluss die Huaraches mit der veganen Creme und den Zwiebeln garnieren und sofort servieren.

Quesadillas de champiñones y espinacas

Pilz-Spinat-Quesadillas

Dieses Rezept ist eine leckere vegane Variante der beliebten Quesadillas. Frischer Blattspinat, Champignons und veganer Käse werden zwischen zwei Tortillas geschichtet und knusprig gebraten. Sie sind nicht nur einfach zuzubereiten, sondern auch unglaublich lecker und voller Geschmack. Zusammen mit einem Pico de gallo sind sie ein perfektes Essen für jede Gelegenheit.

 Personen: 2  Zubereitungszeit: 5 min
Koch- & Ruhezeit: 30 min  6 Quesadillas  Glutenfrei: Ja

ZUTATEN:

- 75 g frischer Spinat
- 8 mittelgroße Champignons
- 2 EL Pflanzenöl
- Salz und Pfeffer
- Margarine*
- 120 g geriebener veganer Manchego-Käse* (alternativ ein anderer veganer Käse)

AUẞERDEM:

- 6 kleine Tortillas (Weizentortillas**, Rezept auf Seite 60, oder Maistortillas*, Rezept auf Seite 63)
- Pico de gallo (Rezept auf Seite 127)

* Hinweis: Glutenfrei, sofern keine glutenhaltigen Zusatzstoffe enthalten sind.

** Achtung: Weizentortillas sind nicht glutenfrei.

ZUBEREITUNG:

- Den Spinat waschen und in Streifen schneiden. Die Champignons putzen, den unteren Teil des Stiels entfernen, die Köpfe in feine Scheiben schneiden.

- Das Öl in einer Pfanne bei mittlerer Hitze erhitzen und den Spinat, die Champignons sowie je 1 Prise Salz und Pfeffer hinzufügen. Alles 3–5 Minuten braten, bis die Pilze gar sind. Den Herd ausstellen.

- In einer zweiten Pfanne etwas Margarine zum Braten der Quesadillas erhitzen. Dafür eine Tortilla nach der anderen in die Pfanne legen, mit je 2–3 EL Käse und 2–3 EL Bratgut belegen und ca. 30 Sekunden warten, bevor du sie zusammenfaltest, damit sie weich wird und nicht zerfällt. Dann auf jeder Seite 3–4 Minuten braten, bis der Käse geschmolzen und die Tortilla goldbraun ist.

- Die Quesadillas mit Pico de gallo servieren.

TIPP: Quesadillas sind das perfekte Rezept, um kreativ zu werden. Die Basis aus Tortillas und Käse bleibt immer gleich. Die Füllung kannst du nach Belieben variieren und z.B. Paprika, Mais oder sogar Bohnen verwenden.

Elotes Gewürzte Maiskolben

Die Maiskolben als Streetfood sind nicht nur lecker, sondern auch eine Erinnerung an die vielen Abenteuer, die ich mit meiner Mutter in den Pueblos Mágicos (Magische Dörfer) in Mexiko erlebt habe. Obwohl sie Deutsche ist, liebt sie es, das Land und vor allem die Pueblos Mágicos zu erkunden. Auf unseren Streifzügen durch die Straßen haben wir oft die leckeren Maiskolben der Straßenverkäufer probiert. Jeder Bissen ist für mich mit glücklichen Erinnerungen an die Schönheit Mexikos verbunden, die ich mit meiner Mutter teilen durfte.

 Personen: 6  Zubereitungszeit: 10 min Koch- & Ruhezeit: 10-30 min  6 Maiskolben  Scharf: Ja  Glutenfrei: Ja

ZUTATEN:

- 6 Maiskolben (küchenfertig)
- Salz
- 150 g veganer Hirtenkäse*
- 250 ml vegane Mayonnaise*
- Chili-Limetten-Pulver (Rezept auf Seite 145)

AUßERDEM:

- 6 Holzspieße

* Hinweis: Glutenfrei, sofern keine glutenhaltigen Zusatzstoffe enthalten sind.

ZUBEREITUNG:

- Die Maiskolben in einen großen Topf geben und mit Wasser aufgießen. 1 Prise Salz hinzufügen und die Maiskolben ca. 25 Minuten kochen, bis sie gar sind. Anschließend herausnehmen und auf Küchenpapier abtropfen lassen.

- Die Maiskolben am dicken Ende mit einem Holzspieß versehen, damit man sie mit der Hand halten kann.

- Den veganen Hirtenkäse zerkrümeln und auf einem Teller verteilen. Die vegane Mayonnaise mit einem Messer auf die Kolben streichen und diese anschließend rundum mit dem Hirtenkäse „panieren".

- Zum Servieren mit Chili-Limetten-Pulver würzen.

TIPP: Wer kein Chili-Limetten-Pulver hat, kann auch Limettensaft und Chilipulver verwenden. Dazu die Maiskolben vor der Zugabe der Mayonnaise mit je einer Limettenhälfte einreiben und zum Schluss mit dem Chilipulver würzen.

Pepinos y zanahorias con chile
Gurken und Karotten mit Chili

Pepinos y zanahoria con chile sind ein leckerer Snack, der oft am Tisch angeboten wird, um die Wartezeit auf das Hauptgericht zu verkürzen. Dieser einfache, aber erfrischende Snack besteht aus frischen Gurken- und Karottensticks, die mit einer Prise Chili und Limettensaft gewürzt werden. Für uns Mexikaner ist es ganz normal, alles mit Chili zu würzen, denn wir mögen unser Essen gerne scharf.

 Personen: 4
 Zubereitungszeit: 5 min
Koch- & Ruhezeit: 0 min
 1 zum Teilen
 Scharf: Ja
 Glutenfrei: Ja

ZUTATEN:

- 1 TL geschrotete Ancho-Chilis
- 1 TL Salz
- 1 kleine Salatgurke
- 1 Karotte
- ½ Limette

ZUBEREITUNG:

- Die geschroteten Ancho-Chilis und das Salz in einen Mixer geben und zu einem feinen Pulver mixen.

- Die Salatgurke und die Karotte schälen, putzen, halbieren und in Stifte schneiden. Die Stifte in eine kleine Schüssel geben.

- Den Saft der Limette über die Gurken- und Karottenstreifen pressen, anschließend nach Geschmack etwas von der Chili-Salz-Mischung über die Gurken- und Karottenstreifen streuen und alles gut vermischen.

- Zum Servieren die Gemüsesticks in kleine Gläser stellen und in der Mitte zum Teilen servieren.

Tamales con rajas

Traditionelle Tamales mit Paprikastreifen und veganer Creme

Tamales sind ein traditionelles mexikanisches Gericht aus Maisteig, der mit verschiedenen Füllungen gefüllt, in Mais- oder Bananenblätter gewickelt und anschließend gedämpft oder gekocht wird. Sie sind eine Art gefüllte Teigtaschen und werden oft zu besonderen Anlässen wie Hochzeiten, Geburtstagen, Weihnachten oder anderen Festen zubereitet.

 Personen: 4  Zubereitungszeit: 50 min
Koch- & Ruhezeit: 60 min  8 Tamales  Glutenfrei: Ja

ZUTATEN:

FÜR DIE FÜLLUNG:

- 1 grüne Paprikaschote
- ½ weiße Zwiebel
- 1 Knoblauchzehe
- 1 EL Pflanzenöl
- 150 g vegane Creme*
- 1 EL getrockneter Oregano
- ½ TL gemahlener Kreuzkümmel
- Salz und Pfeffer

ZUBEREITUNG:

- Die Maisblätter in einer großen Schüssel mit heißem Wasser ca. 20 Minuten einweichen, anschließend abtropfen lassen.

- Die Paprikaschote putzen, waschen und in feine Streifen schneiden. Die Zwiebel schälen, halbieren und in Streifen schneiden. Die Knoblauchzehe schälen und fein hacken.

- Das Öl bei mittlerer Hitze in eine Pfanne geben und die Zwiebel unter ständigem Rühren einige Minuten glasig dünsten. Die Paprika zugeben und ca. 4 Minuten braten, bis sie weich ist. Die Hitze reduzieren, Knoblauch zugeben und 2–3 Minuten mitbraten.

- Vegane Creme, Oregano und Kreuzkümmel zugeben und gut verrühren. Mit Salz und Pfeffer abschmecken und die Pfanne vom Herd nehmen.

Fortsetzung »

FÜR DEN TEIG:

- 75 g ungehärtetes Pflanzenfett
- 250 g nixtamalisiertes Maismehl (z.B. Maseca)
- 1 TL Backpulver
- 1 EL Salz
- 1 TL Gemüsebrühe (Pulver)*

AUßERDEM:

- 14 getrocknete Maisblätter (8 für die Tamales, 6 zum Abdecken; aus dem Lateinamerika-Laden)
- 1 Topf mit Dampfeinsatz
- Salsa verde (Grüne Soße; Rezept auf Seite 138) oder Salsa ranchera (Tomaten-Jalapeño-Soße; Rezept auf Seite 141); nach Belieben

* Hinweis: Glutenfrei, sofern keine glutenhaltigen Zusatzstoffe enthalten sind.

- Für den Teig das Pflanzenfett 5 Minuten mit den Schneebesen des Handrührgeräts schaumig schlagen, anschließend Maismehl, Backpulver und 1 EL Salz hinzufügen. Nach und nach 150 ml Wasser zusammen mit der Gemüsebrühe zugeben und gut verrühren, bis ein feuchter Teig entsteht. Wenn der Teig zu trocken ist, etwas Wasser hinzufügen.

- Wir machen 8 Tamales, dafür brauchen wir zunächst 8 Maisblätter. In das Innere der Maisblätter geben wir in die untere Hälfte je 2 EL Teig und darauf in die Mitte je 1 EL Paprikafüllung. Dann die Tamales aufrollen, indem man eine Längsseite des Blattes über die andere faltet, sodass ein schmaler Tamal entsteht. Den oberen Teil des Maisblattes zuklappen.

- Einen Dampfeinsatz in einen großen Topf legen und bis zum unteren Rand des Einsatzes mit Wasser füllen füllen. Das Wasser zum Kochen bringen.

- Die Tamales senkrecht in den Dampfeinsatz stellen, mit den restlichen Maisblättern bedecken und so zugedeckt (aber ohne Deckel) bei starker Hitze 1 Stunde dämpfen, bis sich der Teig leicht von den Maisblättern löst. Darauf achten, dass nicht das ganze Wasser verdampft; gegebenenfalls Wasser nachgießen.

- Die Tamales noch heiß servieren.

TIPP: Wer es etwas würziger oder schärfer mag, kann nach Belieben seine Lieblingssoße über die Tamales geben.

Tamales frijoles y queso
Herzhafte Tamales mit Bohnen und veganem Käse

Tamales sind nicht nur ein traditionelles Gericht, sondern auch ein beliebtes Streetfood in Mexiko, das von mobilen Verkäufern angeboten wird. In Mexiko kennt jeder den vertrauten Ruf „Tamales Oaxaqueños" (Tamales aus Oaxaca), der durch die Straßen schallt. Die gedämpften Teigtaschen werden meist mit Bohnen oder Gemüse gefüllt und in Maisblätter gewickelt. Der Ruf des Tamale-Verkäufers ist eine vertraute Melodie, die jedem das Herz erwärmt, der auf der Suche nach einem schnellen, köstlichen Snack ist.

 Personen: 4  Zubereitungszeit: 50 min
Koch- & Ruhezeit: 60 min  8 Tamales  Glutenfrei: Ja

ZUTATEN:

FÜR DIE FÜLLUNG:

- 200 g Bohnenmus
(Rezept auf Seite 68)
- 100 g veganer Hirtenkäse*

FÜR DEN TEIG:

- 170 g Maisgrieß
- 1 TL Backpulver
- Salz
- 50 ml Olivenöl
- 1 TL Gemüsebrühe (Pulver)*

ZUBEREITUNG:

- Die Maisblätter in einer großen Schüssel mit heißem Wasser ca. 20 Minuten einweichen, anschließend abtropfen lassen.

- Das Bohnenmus in einer beschichteten Pfanne erwärmen. Den veganen Hirtenkäse zerkrümeln und hinzufügen. Die Maisblätter in einer großen Schüssel mit heißem Wasser ca. 20 Minuten einweichen.

- In der Zwischenzeit den Teig für die Tamales zubereiten. Dazu Maisgrieß, Backpulver und 1 Prise Salz in einem großen Topf mischen. Olivenöl und 150 ml Wasser zusammen mit der Gemüsebrühe langsam zugeben und gut verrühren. Bei kleiner bis mittlerer Hitze unter ständigem Rühren 10 Minuten quellen lassen.

- Wir machen 8 Tamales, dafür brauchen wir zunächst 8 Maisblätter. Auf die Innenseite der Maisblätter geben wir in der unteren Hälfte je 2 EL Teig und obendrauf in der Mitte je 1 EL Bohnenmus mit veganem Hirtenkäse. Dann die Tamales aufrollen, indem man eine Längsseite des Blattes über die andere faltet, sodass ein schmaler Tamal entsteht. Den oberen Teil des Maisblattes zuklappen.

Fortsetzung 

AUẞERDEM:

- 14 getrocknete Maisblätter (8 für die Tamales, 6 zum Abdecken; aus dem Lateinamerika-Laden)
- 1 Topf mit Dampfeinsatz
- Salsa verde (Grüne Soße; Rezept auf Seite 138) oder Salsa ranchera (Tomaten-Jalapeño-Soße; Rezept auf Seite 141); nach Belieben

* Hinweis: Glutenfrei, sofern keine glutenhaltigen Zusatzstoffe enthalten sind.

- Einen Dampfeinsatz in einen großen Topf legen und bis zum unteren Rand des Einsatzes füllen. Das Wasser zum Kochen bringen.

- Die Tamales senkrecht in den Dampfeinsatz stellen, mit den restlichen Maisblättern bedecken und so zugedeckt (aber ohne Deckel) bei starker Hitze 1 Stunde dämpfen, bis sich der Teig leicht von den Maisblättern löst. Darauf achten, dass nicht das ganze Wasser verdampft; gegebenenfalls Wasser nachgießen.

- Die Tamales noch heiß servieren.

TIPP: Wer es etwas würziger oder schärfer mag, kann nach Belieben seine Lieblingssoße über die Tamales geben.

Tostadas de tinga de pollo vegano con papa

Knusprige Tostadas mit Jackfruit und Kartoffeln

Tostadas sind für ihre Vielseitigkeit bekannt. Die knusprigen Tortillas werden oft mit verschiedenen Belägen serviert, von denen Tinga der bekannteste ist. Traditionell wird Tinga mit Hühnerfleisch zubereitet, aber ich gebe ihr gerne einen veganen Twist, indem ich Jackfruit verwende. Diese Frucht eignet sich hervorragend, um die Textur und den Geschmack von zerkleinertem Fleisch nachzuahmen. Mit einer Kombination aus würzigem Tinga, cremigen Kartoffeln und knusprigen Tortillas schmecken diese Tostadas einfach köstlich!

 Personen: 3  Zubereitungszeit: 15 min
Koch- & Ruhezeit: 25 min  6 Tostadas  Glutenfrei: Ja

ZUTATEN:

- 1 Dose Jackfruit (400 g Füllgewicht; 225 g Abtropfgewicht)
- 5 mittelgroße festkochende Kartoffeln
- 1 weiße Zwiebel
- 5 Tomaten
- 1 EL Pflanzenöl
- 1 EL Tomatenmark
- 1 EL Chipotle-Gewürzpulver (nach Belieben)
- 1 TL getrockneter Oregano
- 1 TL Gemüsebrühe (Pulver)*

ZUM GARNIEREN:

- ½ rote Zwiebel
- 1 Avocado
- 50 g vegane Creme*

ZUBEREITUNG:

- Die Jackfruit aus der Dose nehmen, die Flüssigkeit mit der Hand ausdrücken und die Jackfruit in eine große Schüssel geben. Mit zwei Gabeln in feine Streifen zupfen. Die Kartoffeln schälen, in kleine Würfel schneiden und zur Jackfruit in die Schüssel geben. Die weiße Zwiebel schälen und fein hacken. Die Tomaten waschen, halbieren, den Strunk entfernen und die Tomaten vierteln.

- Das Öl bei mittlerer Hitze in eine Pfanne geben und die Zwiebel unter ständigem Rühren einige Minuten glasig dünsten.

- Die Tomaten, das Tomatenmark und nach Belieben das Chipotle-Gewürz in einen Mixer geben und mixen, bis eine gleichmäßige Tomatensoße entsteht. Die Tomatensoße zur Jackfruit und den Kartoffeln geben und gut vermischen.

Fortsetzung »

AUßERDEM:

- 6 Tostadas (Rezept auf Seite 64)*

* Hinweis: Glutenfrei, sofern keine glutenhaltigen Zusatzstoffe enthalten sind.

- Alles in die Pfanne zu den Zwiebeln geben und 20 Minuten zugedeckt, dann 10 Minuten ohne Deckel kochen, bis die Kartoffeln gar sind, und die Flüssigkeit etwas verdampft ist. Den Herd ausschalten. Den Oregano und die Gemüsebrühe zugeben, gut verrühren und abschmecken.

- Die rote Zwiebel schälen, halbieren und in Streifen schneiden. Die Avocado halbieren, die Schale und den Kern entfernen und das Fruchtfleisch in Scheiben schneiden.

- Die Tostadas mit der Jackfruit und den Kartoffeln belegen, mit Zwiebeln, Avocado und der veganen Creme garnieren und servieren.

Tostadas de „pulpo" vegano

Frische Tostadas mit Kräuterseitlingen

Tostadas sind frittierte Tortillas, die mit verschiedenen Zutaten belegt werden. In den Küstenregionen Mexikos werden sie typischerweise mit Fisch und Meeresfrüchten serviert. Ich habe diese Köstlichkeiten im Urlaub am Strand sehr gerne gegessen, besonders die Variante mit Pulpo (Oktopus). Deshalb wollte ich unbedingt eine vegane Version mit Kräuterseitlingen ausprobieren.

Personen: 2

Zubereitungszeit: 5 min
Koch- & Ruhezeit: 10 min

Portionen: 4

Glutenfrei: Ja

ZUTATEN:

- 250 g Kräuterseitlinge
- 1 weiße Zwiebel
- 4 EL Pflanzenöl
- 1 Knoblauchzehe
- 1 TL getrockneter Oregano
- 1 EL Nori-Algenflocken
- Salz

ZUM GARNIEREN:

- 1 kleines Bund Koriandergrün
- 2 Limetten

AUßERDEM:

- 4 Tostadas (Rezept auf Seite 64)*

* Hinweis: Glutenfrei, sofern keine glutenhaltigen Zusatzstoffe enthalten sind.

ZUBEREITUNG:

- Die Kräuterseitlinge putzen. Zuerst den dickfleischigen Stiel abschneiden und in mehrere ca. 1 cm dicke Scheiben schneiden. Dann den Hut ebenfalls in mehrere Streifen schneiden. Die Zwiebel schälen und fein hacken.

- Das Öl in eine Pfanne geben und die Zwiebel darin unter ständigem Rühren einige Minuten bei mittlerer Hitze glasig dünsten. Die Pilzscheiben zugeben, die Knoblauchzehe schälen und durch die Knoblauchpresse dazu drücken. Alles bei mittlerer Hitze unter gelegentlichem Rühren braten, bis die Kräuterseitlinge auf beiden Seiten leicht gebräunt sind. Die Pilze anschließend in eine Schüssel geben. Oregano, Nori-Algen und 1 Prise Salz dazugeben und gut mischen.

- Den Koriander waschen, die Blättchen abzupfen und fein hacken. Die Tostadas mit den Pilzen belegen und mit Koriander garnieren. Die Limetten halbieren. Jeder kann sie am Tisch über die Tostadas pressen.

Pico de gallo Topping aus frischen Tomaten und Zwiebeln

Pico de gallo, übersetzt „Hahnenschnabel", ist eine frische, pikante Soße. Der Name kommt wahrscheinlich von der fein gehackten Konsistenz, die an einen Hühnerschnabel erinnert. Diese köstliche Soße ist ein echter Klassiker und wird oft als Beilage zu Tacos, Nachos oder anderen Gerichten serviert. Sie lässt sich leicht mit anderen Zutaten wie Avocado, Gurke und Radieschen variieren. Ob als Dip oder Beilage, Pico de gallo ist eine erfrischende und vielseitige Ergänzung zu vielen mexikanischen Gerichten.

ZUTATEN:

- 2 Tomaten
- 1 kleine rote Zwiebel
- 1 grüne Chilischote (z.B. Jalapeño; nach Belieben für etwas Schärfe)
- 1 kleine Knoblauchzehe
- 1 Bund Koriandergrün
- 1 Limette
- Salz

ZUBEREITUNG:

- Die Tomaten waschen, halbieren, den Strunk entfernen, die Hälften klein würfeln und in eine kleine Schüssel geben. Die Zwiebel schälen, halbieren, fein hacken und zu den Tomaten in die Schüssel geben (alternativ kann man die Zwiebeln auch zusammen mit den anderen Zutaten in einem Zerkleinerer fein hacken).

- Die Chilischote waschen, den Stielansatz entfernen, die Schote entkernen und fein hacken. Die Knoblauchzehe schälen und fein hacken. Den Koriander waschen, die Blättchen abzupfen und fein hacken.

- Die Chilis, den Knoblauch und den Koriander in die Schüssel geben. Den Saft der Limette dazupressen und alles nochmals gut vermischen.

- Nach Geschmack mit Salz abschmecken und servieren.

Mole poblano
Traditionelle Soße mit Schokolade und herzhaftem Geschmack

Mole poblano ist eine Soße, die aus einer Vielzahl von Zutaten wie getrockneten Chilischoten, Gewürzen, Nüssen, Samen, Früchten und Schokolade hergestellt wird. Die Soße hat eine komplexe und reichhaltige Geschmackskombination aus süßen, würzigen und bitteren Aromen. Mole poblano stammt aus der Region Puebla in Mexiko und ist ein wichtiger Bestandteil der mexikanischen Küche. Klassischerweise wird sie zu Hühnchen gegessen, sie passt aber auch sehr gut zu veganen Gerichten mit Aubergine oder Jackfruit oder zu Enmoladas (Rezept auf Seite 160).

 Portionen: 1 (550 g)
 Zubereitungszeit: 20 min
Koch- & Ruhezeit: 30 min
 Scharf: Ja
 Glutenfrei: Ja

ZUTATEN:

- 2 EL Pflanzenöl
- 1 getrocknete Ancho-Chilischote
- 1 getrocknete Chipotle-Chilischote
- 20 g Mandeln
- 2 Pfefferkörner
- 1 Gewürznelke
- ½ Zimtstange
- 1 Maistortilla (Rezept auf Seite 63)*
- 1 EL getrockneter Oregano
- 1 kleine weiße Zwiebel
- 2 Tomaten
- ½ TL Sesam
- 1 TL Gemüsebrühe (Pulver)*
- 1 EL Erdnussmus
- 3 Medjool-Datteln (entsteint)
- 1 TL Tomatenmark
- ½ Tafel vegane Zartbitterschokolade*

ZUBEREITUNG:

- 1 EL Öl in einer Pfanne bei mittlerer Hitze erhitzen

- Die Ancho- und Chipotle-Chilischoten ca. 5 Minuten in der Pfanne anbraten, anschließend herausnehmen und in einen Mixbehälter geben. Das Öl in der Pfanne lassen.

- Anschließend die Mandeln, die Pfefferkörner, die Gewürznelke, die halbe Zimtstange, die Tortilla und den Oregano in die Pfanne geben und kurz anbraten, dann ebenfalls in den Mixer geben.

- Die Zwiebel schälen und fein hacken. Die Tomaten waschen, halbieren, den Strunk entfernen und die Hälften in kleine Würfel schneiden.

* Hinweis: Glutenfrei, sofern keine glutenhaltigen Zusatzstoffe enthalten sind.

Fortsetzung 

- Noch 1 EL Öl in die Pfanne geben und die Zwiebel unter ständigem Rühren einige Minuten glasig dünsten. Die Tomatenwürfel zu den Zwiebeln geben und weich dünsten. Die Zwiebeln und die Tomaten anschließend ebenfalls in den Mixbehälter geben.

- Den Sesam kurz in einer weiteren Pfanne rösten, bis er duftet (aufpassen, dass er nicht anbrennt) und mit in den Mixbehälter geben.

- 300 ml Wasser im Wasserkocher zum Kochen bringen und zusammen mit der Gemüsebrühe in den Mixbehälter geben. Erdnussmus und Datteln zugeben und alles zu einer Soße pürieren.

- Die Soße in die Pfanne geben, Tomatenmark und die vegane Zartbitterschokolade hinzufügen und bei mittlerer Hitze unter ständigem Rühren ca. 10 Minuten kochen, bis die Soße etwas fester ist.

Adobo al pastor
Gewürzpaste mit einer süßen, würzigen und leicht fruchtigen Note

Die Gewürzpaste al pastor ist eine vielseitige und schmackhafte Mischung aus Gewürzen, die in der mexikanischen Küche häufig verwendet wird. Besonders bekannt ist sie für die Zubereitung von Tacos al pastor (Rezept auf Seite 72). Die Gewürzpaste verleiht dem Bratgut einen vollen, würzigen Geschmack mit einer angenehmen Schärfe.

ZUTATEN:

- 2 TL geschrotete Ancho-Chilis
- 1 TL Achiote-Paste (aus dem Lateinamerika-Laden)
- 2 TL Knoblauchpulver
- 1 TL gemahlener Koriander
- 1 TL gemahlener Kreuzkümmel
- 1 TL geschrotete Guajillo-Chilis
- Salz
- 1 TL gemahlener Pfeffer
- 4 EL Olivenöl
- 6 EL Ananassaft (von Ananas aus der Dose)

ZUBEREITUNG:

- Für die Würzpaste alle Zutaten in den Mixer geben und mixen.

Adobo pibil Gewürzpaste mit erdigen und Zitrusaromen

Die Gewürzpaste Pibil ist eine aromatische und vielseitige Gewürzmischung, die in der mexikanischen Küche häufig verwendet wird. Besonders bekannt ist sie für die Zubereitung von Gerichten wie Cochinita pibil, einem traditionellen mexikanischen Schweinefleischgericht (siehe dazu das Rezept für Tacos cochinita pibil auf Seite 76). Die Paste verleiht auch unseren veganen Bratenvarianten einen vollmundigen, würzigen Geschmack mit einem Hauch von Rauch und Säure.

ZUTATEN:

- 2 Knoblauchzehen
- ½ Zimtstange
- 2 EL Achiote-Paste (aus dem Lateinamerika-Laden)
- 1 gestrichener TL gemahlener Kreuzkümmel
- 2 Gewürznelken
- 2 TL geschrotete Chipotle-Chilis
- 2 EL getrockneter Oregano
- 120 ml Orangensaft
- 1 TL Salz
- 4 EL Olivenöl

ZUBEREITUNG:

- Die Knoblauchzehen schälen und in einen Mixbecher geben.

- Die halbe Zimtstange, die Achiote-Paste, Kreuzkümmel, Gewürznelken, Chipotle-Chili, Oregano, Orangensaft, Salz und Olivenöl hinzufügen und mixen.

Adobo chorizo
Rauchige Chorizo-Gewürzpaste

Die Gewürzpaste Chorizo ist eine würzige und vielseitige Gewürzmischung, die in der mexikanischen Küche häufig verwendet wird. Besonders bekannt ist sie für die Zubereitung von Chorizo, einer scharfen mexikanischen Wurst. Diese Paste verleiht auch unserem veganen Bratgut eine intensive Schärfe und einen vollmundigen Geschmack mit einem Hauch von Rauch.

ZUTATEN:

- 4 getrocknete Guajillo-Chilis
- 1 getrocknete Arbol-Chilis
- 2 Knoblauchzehen
- 1 kleines Bund Koriandergrün
- ½ TL gemahlener Kreuzkümmel
- 1 EL Paprikapulver
- 1 EL getrockneter Oregano
- ½ TL gemahlener Zimt
- ¼ TL Gewürznelken
- 15 ml Apfelessig
- 1 TL Rauchsalz

ZUBEREITUNG:

- 180 ml Wasser in einem Wasserkocher zum Kochen bringen. Den Strunk der Guajillo- und Arbol-Chilis entfernen, die Schoten in eine Schüssel geben und das kochende Wasser darübergießen. 10 Minuten ziehen lassen.

- Die Knoblauchzehen schälen. Den Koriander waschen und die Blättchen abzupfen.

- Die eingeweichten Chilischoten mit dem Wasser, Knoblauchzehen, Korianderblättern, Kreuzkümmel, Paprikapulver, Oregano, Zimt, Gewürznelken, Apfelessig und Rauchsalz in einen Mixbecher geben.

- Alles gut mixen, bis eine gleichmäßige Soße entsteht.

Salsa verde

Scharfe Soße aus grünen Tomaten

Salsa Verde ist eine Soße, die für ihre Frische und Schärfe bekannt ist. Ihre leuchtend grüne Farbe und ihr erfrischender Geschmack machen sie zu einem beliebten Begleiter vieler Gerichte. Sie wird aus grünen Tomaten, grünen Chilischoten, Zwiebeln, Knoblauch und Koriander hergestellt und häufig als Soße für Tacos, Enchiladas oder Quesadillas verwendet.

Portionen: 1 (700 ml)

Zubereitungszeit: 10 min
Koch- & Ruhezeit: 10-15 min

Scharf: Ja

Glutenfrei: Ja

ZUTATEN:

- 300 g grüne Tomaten
- 1 weiße Zwiebel
- 1 Knoblauchzehe
- 1 EL geschrotete Jalapeño-Chilis
- 1 kleines Bund Koriandergrün
- Salz

ZUBEREITUNG:

- Die Tomaten waschen, halbieren, den Strunk entfernen und die Tomaten vierteln. Die Zwiebel schälen und vierteln. Die Knoblauchzehe schälen.

- Die Tomaten, die Zwiebel, die Knoblauchzehe und die geschroteten Jalapeño-Chilis in einen Topf mit 300 ml Wasser geben und zum Kochen bringen. Bei mittlerer Hitze 10–15 Minuten offen kochen lassen. Dann den Herd ausschalten.

- Den Koriander waschen, die Blättchen abzupfen und in den Topf geben. Alle Zutaten mit einem Stabmixer fein pürieren.

- Zum Schluss die grüne Soße nach Geschmack mit Salz abschmecken.

Salsa ranchera
Scharfe Tomaten-Jalapeño-Soße

Salsa ranchera ist eine pikante Soße, die für ihren reichen Geschmack und ihre angenehme Schärfe bekannt ist. Sie wird gekocht, wodurch sich die Aromen gut vermischen, und sie eine dickere Konsistenz erhält. Diese vielseitige Soße wird klassischerweise zu Eiern, gegrilltem Fleisch, Tacos, Enchiladas und vielen anderen Gerichten serviert. Mit ihrer tiefroten Farbe und ihrem intensiven Geschmack ist sie ein unverzichtbarer Bestandteil der veganen mexikanischen Küche.

Portionen: 1 (500 ml)

Zubereitungszeit: 10 min
Koch- & Ruhezeit: 20 min

Scharf: Ja

Glutenfrei: Ja

ZUTATEN:

- 3 Tomaten
- 1 Knoblauchzehe
- 1 rote Zwiebel
- 1 ½ EL geschrotete Jalapeño-Chilis
- 2 EL Pflanzenöl
- Salz

ZUBEREITUNG:

- Die Tomaten waschen, halbieren, den Strunk entfernen und die Tomaten vierteln. Die Knoblauchzehe schälen. Die Zwiebel schälen und vierteln.

- Die Tomaten, die Knoblauchzehe, die Zwiebel und die geschroteten Jalapeño-Chilis in einen Mixer geben und so lange mixen, bis eine gleichmäßige Soße entsteht.

- Das Öl in einer Pfanne bei mittlerer Hitze erhitzen und die Soße hineingeben. Sobald die Soße zu kochen beginnt, die Hitze reduzieren und etwa 15 Minuten köcheln lassen, bis die Soße etwas angedickt ist. Ab und zu umrühren.

- Die Soße anschließend abkühlen lassen und nach Geschmack mit Salz abschmecken.

Salsa macha
Scharfe Soße mit getrockneten Chilis

Salsa macha ist eine würzige und aromatische Soße, die in der Küche meiner Familie einen festen Platz hat. Sie ist so beliebt, dass ich sie regelmäßig von meinen Reisen nach Mexiko mitbringe. Ich fülle meinen Koffer oft bis zur Hälfte mit Salsa macha, was sicherlich ein lustiges Bild abgibt! Aber es lohnt sich, denn diese Soße ist einfach unwiderstehlich. Mit ihrer intensiven Schärfe und ihrem reichen Geschmack verleiht sie vielen Gerichten wie Quesadillas, Brot mit Avocado und sogar Pizza und Pasta einen unvergleichlichen Kick.

 Portionen: 1  Zubereitungszeit: 5 min
Koch- & Ruhezeit: 15 min  Scharf: Ja  Glutenfrei: Ja

ZUTATEN:

- ½ weiße Zwiebel
- 1 Knoblauchzehe
- 90 ml Pflanzenöl
- 15 g Erdnüsse
- 25 g Sesam
- 2 TL geschrotete Chipotle-Chilis
- 1 TL geschrotete Guajillo-Chilis
- 1 TL geschrotet Ancho-Chilis
- 1 TL Salz

ZUBEREITUNG:

- Die Zwiebel schälen, eine Hälfte fein hacken. Die Knoblauchzehe schälen und in Scheiben schneiden.

- Die Hälfte des Öls in einer großen Pfanne oder einem Topf bei mittlerer Hitze erhitzen. Die Zwiebeln darin glasig dünsten. Anschließend den Knoblauch zusammen mit den Erdnüssen in das Öl geben und kurz mitbraten. Den Sesam und die geschroteten Chilis zugeben und kurz mitbraten (nicht anbrennen lassen).

- Anschließend alles in einen Mixbehälter geben. Das restliche Öl und Salz zugeben und mixen. Dabei kleine Stücke übrig lassen, denn die Soße schmeckt knackig am besten.

- Abkühlen lassen und servieren.

Sal, chile y limón
Chili-Limetten-Pulver

Diese würzige Kombination verleiht Gerichten eine angenehme Schärfe, gepaart mit einem Hauch von Säure und salziger Würze. Es ist ein vielseitiges Gewürz, das sowohl zu herzhaften als auch zu süßen Gerichten passt. In der mexikanischen Küche wird es häufig zum Würzen von frischen Früchten wie Ananas oder Mango verwendet, aber auch für Snacks wie Maiskolben oder Gurkenscheiben.

 Portionen: 1

 Zubereitungszeit 5 min
Koch- & Ruhezeit: 0 min

 Scharf: Ja

 Glutenfrei: Ja

ZUTATEN:

- 2 EL Paprikapulver
- 2 TL Zitronensäure
- 1 EL Guajillo-Chilipulver
- ½ TL Salz
- 1 TL Zucker

ZUBEREITUNG:

- Alle Gewürze gut vermischen und in einen verschließbaren Behälter geben.

Molletes Überbackene Brötchen

Molletes sind belegte Brötchen, die aus einem halbierten Bolillo-Brot bestehen, das mit gebratenen Bohnen bestrichen und anschließend mit Käse überbacken wird. Darauf werden oft noch Pico de gallo, Avocado, Rajas, Chorizo sowie Soßen gegeben. Es wird vor allem in der Mitte des Landes zum Frühstück gegessen. Achtung: Die Molletes sind nicht mit der Torta zu verwechseln, die demselben Prinzip folgt, bei der das Brot jedoch wieder verschlossen wird, anstatt offen in zwei Hälften serviert zu werden.

Personen: 4

Zubereitungszeit: 5 min
Koch- & Ruhezeit: 10 min

ZUTATEN:

- 2 Brötchen
- 100 g Bohnenmus (Rezept auf Seite 68)
- 75 g veganer Reibekäse*

AUßERDEM:

- Pico de gallo (Rezept auf Seite 127)

* Hinweis: Glutenfrei, sofern keine glutenhaltigen Zusatzstoffe enthalten sind.

ZUBEREITUNG:

- Den Backofen auf 200 °C (Oberhitze) vorheizen. Ein Backblech mit Backpapier auslegen.

- Die Brötchen in der Mitte durchschneiden. Beide Hälften gleichmäßig mit Bohnenmus bestreichen. Anschließend mit veganem Käse bestreuen.

- Die Brötchen mit etwas Abstand zueinander auf das Backblech legen und im heißen Ofen (Mitte) backen, bis der Käse geschmolzen ist.

- Die Molletes aus dem Ofen nehmen und mit dem Pico de gallo servieren.

Enchiladas de camote

Enchiladas mit einer Füllung aus Süßkartoffeln

Süßkartoffel-Enchiladas sind eine leckere Variante der klassischen Enchiladas. Anstelle von Hähnchenfleisch wird die Füllung aus pikant gewürzten Süßkartoffeln zubereitet. Anschließend werden die Enchiladas mit einer Tomatensoße übergossen und im Ofen heiß und knusprig gebacken. Garniert mit frischem Koriander, Avocado und einer großzügigen Portion veganer Creme sind diese Süßkartoffel-Enchiladas ein Fest für die Sinne!

ZUTATEN:

FÜR DIE SOßE:

- ½ große weiße Zwiebel
- 2 Tomaten
- 1 Knoblauchzehe
- 2 EL Pflanzenöl
- Salz

FÜR DIE FÜLLUNG:

- ½ große weiße Zwiebel
- 2 EL Pflanzenöl
- 1 Süßkartoffel (ca. 250 g)
- 1 Knoblauchzehe

ZUM GARNIEREN:

- 1 Avocado
- 1 Bund Koriandergrün
- 50 g veganer Hirtenkäse*
- Salz

ZUBEREITUNG:

- Für die Soße die Zwiebel schälen und halbieren. Eine Hälfte in feine Streifen schneiden. Die Tomaten waschen, halbieren, den Strunk entfernen und die Hälften in Würfel schneiden. Die Knoblauchzehe schälen und fein hacken.

- In einem Topf das Öl bei mittlerer Hitze erhitzen. Die Zwiebelstreifen unter ständigem Rühren einige Minuten darin glasig dünsten. Anschließend Tomatenwürfel und Knoblauch zugeben und mitdünsten. Alles mit 1 Prise Salz würzen und anschließend mit dem Stabmixer zu einer Soße pürieren.

- Für die Füllung die andere Zwiebelhälfte in feine Streifen schneiden. Öl in einer Pfanne bei mittlerer Hitze erhitzen und die Zwiebelstreifen einige Minuten darin glasig dünsten. Die Süßkartoffel schälen, in Würfel schneiden und zu den Zwiebeln in die Pfanne geben. Die zweite Knoblauchzehe schälen, fein hacken und zu den Süßkartoffeln geben. Alles anbraten, bis die Süßkartoffeln etwas weicher, aber noch bissfest sind.

Fortsetzung »

AUßERDEM:

- 1 Auflaufform (22 x 33 cm)
- 6 kleine Maistortillas (Rezept auf Seite 63)*

* Hinweis: Glutenfrei, sofern keine glutenhaltigen Zusatzstoffe enthalten sind.

- Den Backofen auf 200°C (Umluft) vorheizen. Die Hälfte der Soße in eine Auflaufform (22 x 33 cm) gießen.

- Die Tortillas nacheinander in einer Pfanne bei mittlerer Hitze von beiden Seiten erhitzen. Anschließend mit je 2–3 EL gebratenen Süßkartoffeln füllen und zusammenrollen. Die Tortillaröllchen mit der Falte nach unten in die Auflaufform legen.

- Die restliche Soße gleichmäßig über die Tortillaröllchen gießen und die Enchiladas 20 Minuten im heißen Ofen (Mitte) backen.

- In der Zwischenzeit die Avocado halbieren, die Schale und den Kern entfernen und das Fruchtfleisch in Scheiben schneiden. Den Koriander waschen, die Blättchen abzupfen und fein hacken.

- Die Enchiladas aus dem Ofen nehmen. Mit dem veganen Hirtenkäse, der Avocado und dem Koriander garnieren und noch heiß servieren.

Enchiladas suizas

Reichhaltige, cremige, überbackene Tortillas mit veganem Hühnerfleisch

Enchiladas suizas bedeutet „Schweizer Enchiladas". Es gibt viele Mythen, warum sie so heißen. Manche sagen, dass die Creme an die Schweizer Alpen erinnert. Andere sagen, dass ein Schweizer in Mexiko lebte, der nicht viel Scharfes essen konnte und deshalb immer Creme und Käse verwendete, um die Schärfe der Enchiladas auszugleichen. Welche Geschichte ist wahr? Keine Ahnung! Jedenfalls ist es eines meiner Lieblingsgerichte. Das ist die Hauptsache!

 Personen: 2

 Zubereitungszeit: 5 min
Koch- & Ruhezeit: 30 min

 Scharf: Ja

 Glutenfrei: Ja

ZUTATEN:

FÜR DIE ENCHILADAS:

- 1 weiße Zwiebel
- 2 EL Pflanzenöl
- 160 g vegane Hähnchenstreifen
- 210 g Salsa verde (Grüne Soße; Rezept auf Seite 138)
- 75 g veganer Reibekäse*

ZUM GARNIEREN:

- ½ rote Zwiebel
- 1 kleines Bund Koriandergrün
- 50 g vegane Creme*

ZUBEREITUNG:

- Den Backofen auf 200°C (Umluft) vorheizen.

- Die weiße Zwiebel schälen und fein hacken. Das Öl in einer beschichteten Pfanne bei mittlerer Hitze erhitzen. Die Zwiebeln darin unter ständigem Rühren einige Minuten glasig dünsten.

- Sollten die veganen Hänchenstreifen zu groß sein, diese nach Belieben in kleinere Streifen schneiden. Anschließend zu den Zwiebeln geben und einige Minuten mitbraten. Den Herd ausschalten. Die Hälfte der Salsa verde in eine Auflaufform (22 x 33 cm) gießen.

- Die Tortillas in einer Pfanne bei mittlerer Hitze ohne Fett jeweils nacheinander von beiden Seiten erwärmen. Anschließend mit den gebratenen Hähnchenstreifen füllen und zusammenrollen. Die Tortillaröllchen mit der Falte nach unten in die Auflaufform legen.

Fortsetzung 

AUẞERDEM:

• 1 Auflaufform (22 x 33 xm)
• 6 kleine Maistortillas
(Rezept auf Seite 63)*

* Hinweis: Glutenfrei, sofern keine glutenhaltigen Zusatzstoffe enthalten sind.

• Die restliche Soße gleichmäßig über die Tortillas verteilen und den veganen Käse darüber streuen. Die Enchiladas im heißen Ofen (Mitte) ca. 10 Minuten backen.

• In der Zwischenzeit die rote Zwiebel schälen und halbieren. Eine Hälfte in feine Streifen schneiden. Den Koriander waschen, die Blättchen abzupfen und fein hacken.

• Die Enchiladas aus dem Ofen holen. Mit der veganen Creme, der Zwiebel und dem Koriander garnieren und noch heiß servieren.

Enfrijoladas de champiñones
Samtige Pilz-Enfrijoladas in Bohnencreme gehüllt

Enfrijoladas sind eine Art weiche Tacos, die gefüllt und mit einer Soße aus schwarzen Bohnen übergossen werden. Das Gericht verbindet den herzhaften Geschmack der schwarzen Bohnen mit der Frische und Leichtigkeit der Champignons, die für eine fleischige Konsistenz sorgen und das Aroma der Bohnensoße hervorragend aufnehmen. In der traditionellen mexikanischen Küche spielen schwarze Bohnen eine zentrale Rolle, denn sie sind nicht nur eine hervorragende Eiweißquelle, sondern verleihen den Gerichten auch eine reichhaltige Textur sowie ein tiefes, erdiges Aroma.

 Personen: 2  Zubereitungszeit 10 min
Koch- & Ruhezeit: 20 min  Glutenfrei: Ja

ZUTATEN:

FÜR DIE SOßE:

- ½ Dose schwarze Bohnen (400 g Füllgewicht, 240 g Abtropfgewicht)*
- ½ TL Gemüsebrühe (Pulver)*
- 1 EL Mandelmus
- ¼ weiße Zwiebel
- 2 EL Pflanzenöl
- Salz

FÜR DIE FÜLLUNG:

- 100 g Champignons
- ¼ weiße Zwiebel
- 2 EL Pflanzenöl

ZUBEREITUNG:

- Für die Soße die Bohnen in ein Sieb geben, kalt abbrausen und abtropfen lassen. Mit 150 ml Wasser, Gemüsebrühe und Mandelmus in einen Mixbehälter geben und cremig pürieren.

- Die Zwiebel schälen und vierteln. Ein Viertel fein hacken. Das Öl in einem Topf bei schwacher Hitze erhitzen. Die gehackte Zwiebel zugeben und unter ständigem Rühren glasig dünsten. Anschließend die Bohnensoße in den Topf geben und bei schwacher Hitze zum Kochen bringen. Nach Belieben mit Salz abschmecken und vom Herd nehmen.

- Für die Füllung die Champignons putzen, die Enden abschneiden, die Köpfe in dünne Scheiben schneiden. Ein weiteres Viertel der Zwiebel fein hacken.

- Das Öl in einem Topf bei mittlerer Hitze erhitzen. Die fein gehackten Zwiebeln zugeben und glasig dünsten. Die Champignons zugeben und einige Minuten mitbraten. Den Herd anschließend ausschalten.

Fortsetzung »

ZUM GARNIEREN:

- 100 g vegane Creme*
- 50 g veganer Hirtenkäse*
- 1 Avocado

AUßERDEM:

- 6 Maistortillas
(Rezept auf Seite 63)*

* Hinweis: Glutenfrei, sofern keine glutenhaltigen Zusatzstoffe enthalten sind.

- Die Tortillas in einer Pfanne bei mittlerer Hitze ohne Fett nacheinander von beiden Seiten erwärmen und in einem sauberen Küchentuch warm halten. Die Tortillas anschließend mit der Pilzfüllung füllen und zusammenrollen.

- Zum Servieren je drei gefüllte Tortillas auf einem Teller anrichten und mit der vorbereiteten Bohnensoße übergießen. Mit veganer Creme und zerkrümelten veganen Hirtenkäse garnieren.

- Die Avocado halbieren, schälen und entkernen. Das Fruchtfleisch in Scheiben schneiden und auf die Enfrijoladas legen.

Enmoladas de plátano macho

Gefüllte Tortillas mit süßen Kochbananen, verfeinert mit reichhaltiger Mole

Dieses Gericht zelebriert die kunstvolle Balance der Aromen, die für die mexikanische Küche so charakteristisch ist, und lädt dazu ein, die Grenzen des gewohnten Geschmacks zu erweitern. Enmoladas de plátano macho sind eine süß-scharfe Offenbarung, die die traditionelle mexikanische Küche in einem innovativen Licht zeigt. Die Basis bildet eine reichhaltige, dunkle Mole-Soße, die mit ihren vielschichtigen Aromen von Schokolade, Chili und Gewürzen das Herzstück der mexikanischen Küche darstellt. Die Verwendung von reifen Plátanos machos (Kochbananen), fügt eine natürliche Süße und eine herrlich weiche Textur hinzu, die wunderbar mit der Komplexität der Mole harmoniert.

 Personen: 2

 Zubereitungszeit: 5 min
Koch- & Ruhezeit: 25 min

 Scharf: Ja

ZUTATEN:

- 2 Kochbananen
- 2 EL Pflanzenöl

ZUM GARNIEREN:

- 1 EL Sesam
- ¼ rote Zwiebel

AUßERDEM:

- 6 Weizentortillas (Rezept auf Seite 60)
- 225 g Mole poblano (herzhafte Schokoladensoße; Rezept auf Seite 128)

ZUBEREITUNG:

- Die Kochbananen schälen und halbieren. Von einer Kochbananenhälfte 6 ca. 0,5 cm breite Scheiben abschneiden und beiseitelegen.

- Die beiden Kochbananenhälften in einem Topf mit Wasser 20–25 Minuten bei schwacher bis mittlerer Hitze kochen, bis sie weich sind. Anschließend abtropfen und etwas abkühlen lassen. Dann mit einer Gabel in einer Schüssel zu einem Püree zerdrücken.

- Die Tortillas in einer Pfanne bei mittlerer Hitze ohne Fett nacheinander von beiden Seiten erwärmen und in einem sauberen Küchentuch warm halten. Die Mole in einem kleinen Topf erwärmen.

- Den Sesam in einer beschichteten Pfanne ohne Fett unter ständigem Rühren goldbraun rösten, bis er duftet. Anschließend in eine Schale geben und abkühlen lassen.

Fortsetzung »

• Das Öl in die Pfanne geben und die übrigen Kochbananenscheiben darin von beiden Seiten knusprig braten. Die Zwiebel schälen und vierteln. Ein Viertel davon in Streifen schneiden.

• Die Tortillas mit dem Kochbananenpüree füllen, zusammenrollen und mit der Falte nach unten auf einen Teller legen (3 Tortillas pro Teller). Die warme Mole darüber gießen.

• Zum Servieren die Enmoladas mit dem gerösteten Sesam bestreuen und mit den Zwiebelstreifen und den knusprigen Kochbananenscheiben garnieren.

Entomatadas de verduras
Tortillas mit saftiger Gemüsefüllung in Tomatensoße

Entomatadas sind ein perfektes Beispiel für die Fähigkeit der mexikanischen Küche, aus einfachen Zutaten etwas Besonderes zu zaubern. Ein farbenfrohes und nahrhaftes Gericht, das die Frische und Vielfalt von Gemüse hervorhebt. Umhüllt von einer leichten, aromatischen Tomatensoße und verfeinert mit einer ausgewogenen Mischung aus Gewürzen und Kräutern, bieten diese gefüllten Tortillas ein wunderbares kulinarisches Vergnügen.

ZUTATEN:

FÜR DIE SOßE:

- ½ weiße Zwiebel
- 2 Knoblauchzehen
- 2 Tomaten
- 1 EL Pflanzenöl
- 1 TL Gemüsebrühe (Pulver)*

FÜR DIE FÜLLUNG:

- ½ weiße Zwiebel
- 1 Zucchini
- 1 EL Pflanzenöl
- 100 g Spinat
- Salz und Pfeffer

ZUBEREITUNG:

- Für die Soße die Zwiebel schälen und halbieren. Eine Hälfte in feine Streifen schneiden. Die Knoblauchzehen schälen und fein hacken. Tomaten waschen, halbieren, den Strunk entfernen, die Hälften in Würfel schneiden.

- Das Öl in einer Pfanne bei mittlerer Hitze erhitzen und die Zwiebelstreifen darin unter ständigem Rühren einige Minuten glasig dünsten. Anschließend Tomatenwürfel und Knoblauch hinzugeben und andünsten. Die Masse anschließend in einen Mixer geben, Gemüsebrühe dazugeben und alles zu einer feinen Soße mixen. Nach Geschmack nochmals mit Gemüsebrühe abschmecken.

- Für die Füllung die zweite Hälfte der Zwiebel in feine Streifen schneiden. Die Zucchini waschen, putzen und in kleine Würfel schneiden.

- In einer Pfanne das Öl bei mittlerer Hitze erhitzen. Die Zwiebelscheiben darin einige Minuten unter ständigem Rühren glasig dünsten. Die Zucchiniwürfel dazugeben und 3–4 Minuten anbraten.

Fortsetzung »

ZUM GARNIEREN:

- 1 kleines Bund Koriandergrün
- 150 g vegane Creme*
- 75 g veganer Hirtenkäse*

AUßERDEM:

- 6 Maistortillas (Rezept auf Seite 63)*

* Hinweis: Glutenfrei, sofern keine glutenhaltigen Zusatzstoffe enthalten sind.

- In der Zwischenzeit den Spinat waschen, in feine Streifen schneiden, zu den Zucchini in die Pfanne geben und 2–3 Minuten mitbraten. Alles mit Salz und Pfeffer abschmecken. Die Herdplatte ausschalten.

- Die Tortillas in einer Pfanne bei mittlerer Hitze ohne Fett nacheinander von beiden Seiten erwärmen und in einem sauberen Küchentuch warm halten.

- Den Koriander waschen, die Blättchen abzupfen und fein hacken. Die Tortillas anschließend mit der Gemüsefüllung füllen und zusammenrollen.

- Zum Servieren je 3 gefüllte Tortillas auf einem Teller anrichten und mit der Tomatensoße übergießen. Die Entomatadas mit veganer Creme, zerkrümelten veganen Hirtenkäse und Koriander garnieren und servieren.

TIPP: Die Füllung je nach Gemüse der Saison anpassen, so erhalten die Entomatadas jedesmal eine andere Note

Chilaquiles verdes

Knusprige Tortilla-Chips in grüner Salsa

Chilaquiles verdes sind ein echtes Herzstück der mexikanischen Frühstückskultur – eine lebendige Hommage an die einfachen Freuden des Lebens. Dieses traditionelle Gericht besteht aus leicht knusprig gebratenen Tortilla-Scheiben, die in einer würzigen Salsa verde aus Tomatillos und grünen Chilis gebadet werden. Sie sind ein wunderbares Beispiel dafür, wie aus einfachen Zutaten ein Gericht entstehen kann, das die Seele wärmt und Energie für den ganzen Tag gibt.

 Personen: 2  Zubereitungszeit: 10 min
Koch- & Ruhezeit: 25 min  Scharf: Ja  Glutenfrei: Ja

ZUTATEN:

- 12 Maistortillas (Rezept auf Seite 63)*
- 2 EL Pflanzenöl
- 200 g Salsa verde (Grüne Soße; Rezept auf Seite 138)

ZUM GARNIEREN:

- 1 weiße Zwiebel
- 1 kleines Bund Koriandergrün
- 75 g vegane Creme*
- 75 g veganer Hirtenkäse*

AUßERDEM:

- 250 g Bohnenmus (Rezept auf Seite 68); nach Belieben

ZUBEREITUNG:

- Den Backofen auf 200°C (Ober-/Unterhitze) vorheizen. Ein Backblech mit Backpapier auslegen.

- Jeweils 6 Tortillas übereinander legen und in 8 Stücke schneiden (wie eine Pizza). Die Tortillascheiben von beiden Seiten jeweils mit Öl bestreichen und im heißen Ofen (Mitte) 10–15 Minuten knusprig backen.

- Anschließend die Salsa verde in einer Pfanne bei mittlerer Hitze erhitzen. Die frisch gebackenen Tortilla-Chips in der Soße 2–3 Minuten braten. auf zwei Schalen verteilen.

- Die Zwiebel schälen, halbieren und in feine Streifen schneiden. Den Koriander waschen, die Blättchen abzupfen und fein hacken.

- Die Chilaquiles mit veganer Creme, Zwiebelstreifen, zerkrümeltem veganen Hirtenkäse und Koriander garnieren und servieren. Dazu nach Belieben Bohnenmus als Beilage reichen.

* Hinweis: Glutenfrei, sofern keine glutenhaltigen Zusatzstoffe enthalten sind.

Tofu revuelto mexicanos
Mexikanischer Rührtofu

Tofu revuelto mexicano kombiniert zerkrümelten Naturtofu mit einer würzigen Mischung aus Kichererbsenmehl, Pflanzendrink und Mandelmus für eine Ei-ähnliche Basis. Hefeflocken, Kurkuma und Kala-Namak-Salz sorgen für einen authentischen Geschmack, Zwiebeln, Jalapeños und Tomaten für eine frische Note. Kurz in Pflanzenöl gebraten und mit Salz und Pfeffer abgeschmeckt, ist dieses vegane Gericht ein reichhaltiger und gesunder Start in den Tag.

 Personen: 2  Zubereitungszeit 10 min
Koch- & Ruhezeit: 20 min  Scharf: Ja  Glutenfrei: Ja

ZUTATEN:

- 10 g Kichererbsenmehl
- 60 ml Pflanzendrink
- 1 EL Mandelmus
- 1 EL Hefeflocken*
- ½ TL gemahlene Kurkuma
- ½ TL Kala-Namak-Salz (Schwarzsalz)
- ¼ TL gemahlener Pfeffer
- 200 g Tofu (natur)
- ½ weiße Zwiebel
- 1 grüne Chilischote (z. B. Jalapeño)
- ½ Tomate
- 2 EL Pflanzenöl
- Salz

ZUM GARNIEREN:

- 1 Frühlingszwiebel

AUßERDEM:

- 200 g Bohnenmus (Rezept auf Seite 68) und Tortilla-Chips; nach Belieben

ZUBEREITUNG:

- In einer mittelgroßen Schüssel Kichererbsenmehl, Pflanzendrink, Mandelmus, Hefeflocken, Kurkuma, Kala Namak-Salz und Pfeffer gut vermischen. Den Tofu mit den Händen zerkrümeln, in die Schüssel geben und alles gut verrühren.

- Die Zwiebel schälen und fein hacken. Die Jalapeño-Chilischote waschen, den Stiel entfernen und ebenfalls fein hacken. Die Tomate waschen, den Strunk entfernen und eine Hälfte in kleine Würfel schneiden.

- Das Öl in einem Topf bei niedriger Hitze erhitzen. Die fein gehackten Zwiebeln zugeben und unter ständigem Rühren 2–3 Minuten glasig dünsten. Die Tomatenwürfel und die fein gehackte Jalapeño hinzufügen und alles weitere 3–4 Minuten braten, bis die Jalapeños weich sind. Die Tofu-Mischung dazugeben und weitere 5–10 Minuten braten. Alles nach Geschmack mit Salz abschmecken.

- Die Frühlingszwiebel putzen, waschen und in feine Ringe schneiden. Den Rührtofu mit den Frühlingszwiebeln bestreuen und servieren.

TIPP: Klassisch wird das mexikanische Rührei oder der mexikanische Rührtofu mit etwas Frijoles Refritos (Rezept auf Seite 68) und Tortilla-Chips als Beilage serviert.

* Hinweis: Glutenfrei, sofern keine glutenhaltigen Zusatzstoffe enthalten sind.

Huevos veganos mexicanos
Mexikanische vegane Spiegeleier

Huevos veganos mexicanos con salsa ranchera ist ein herzhaftes, farbenfrohes Gericht, das die Essenz der mexikanischen Küche in einem veganen Frühstück einfängt. Es kombiniert die reichhaltige, würzige Tiefe der Salsa ranchera – einer traditionellen mexikanischen Soße aus Tomaten, Chilischoten und Gewürzen – mit der Textur und dem Geschmack veganer „Eier", die aus einer kreativen Mischung aus Seidentofu, Süßkartoffeln und Sojasahne bestehen. Die Soße umhüllt liebevoll die veganen Eier, ergänzt durch eine pikante und leicht scharfe Note, die jedem Bissen eine explosive Geschmacksvielfalt verleiht.

 Personen: 2  Zubereitungszeit: 10 min
Koch- & Ruhezeit: 25 min  Scharf: Ja  Glutenfrei: Ja

ZUTATEN:

- 1 kleine Süßkartoffel (50 g)
- 100 g Seidentofu
- 1 EL Kichererbsenmehl
- 50 g Sojasahne*
- 2 TL Johannisbrotkernmehl
- 1 ¼ TL Kala-Namak-Salz (Schwarzsalz)
- 1 TL Hefeflocken*
- 2 EL Pflanzenöl

AUßERDEM:

- 4 Maistortillas (Rezept auf Seite 63)*
- 200 g Salsa ranchera (Tomaten-Jalapeño-Soße; Rezept auf Seite 141)
- 200 g Bohnenmus (Rezept auf Seite 68) und Tortilla-Chips*; nach Belieben

* Hinweis: Glutenfrei, sofern keine glutenhaltigen Zusatzstoffe enthalten sind.

ZUBEREITUNG:

- Die Süßkartoffel schälen, würfeln, in einen Topf mit Wasser geben und ca. 20 Minuten weich kochen. Danach abgießen und abtropfen lassen.

- Für das vegane Eiweiß Seidentofu, Kichererbsenmehl, Sojasahne, 1 TL Johannisbrotkernmehl und 1 TL Kala-Namak-Salz in eine Schüssel geben, mit einem Stabmixer pürieren und beiseitestellen.

- Für das vegane Eigelb die Süßkartoffelwürfel, 1 TL Johannisbrotkernmehl, ¼ TL Kala-Namak-Salz, Hefeflocken und 2 EL Wasser in eine Schüssel geben, mit dem Stabmixer pürieren und beiseitestellen.

- Das Öl in einer beschichteten Pfanne bei mittlerer Hitze erhitzen. Pro veganem Ei 2–3 EL veganes Eiweiß hinzugeben und ca. 20–30 Sekunden anbraten. Dann je 1 EL vegane Eigelbmischung in die Mitte geben und bei geschlossenem Deckel 1–2 Minuten braten. Vorsichtig aus der Pfanne nehmen.

- Die Tortillas in einer Pfanne bei mittlerer Hitze ohne Fett nacheinander von beiden Seiten erwärmen und in einem sauberen Küchentuch warm halten.

- Die Salsa ranchera in einer Pfanne bei mittlerer Hitze erhitzen. Die veganen Spiegeleier auf die Tortillas legen, mit der Soße beträufeln und servieren.

TIPP: Klassischerweise werden die Huevos Rancheros mit etwas Frijoles Refritos (Rezept auf Seite 68) mit Tortilla-Chips als Beilage serviert.

Huevos veganos divorciados „Geschiedene Eier"

Huevos divorciados veganos, auf Deutsch „geschiedene Eier", bieten mit ihren zwei kontrastierenden Soßen – der frischen Salsa Verde und der herzhaften Salsa ranchera – sowie der Trennung durch die Frijoles refritos die bildliche Darstellung einer Trennung. Die verschiedenen Soßen symbolisieren die Vielfalt in der Einheit, während das Bohnenmus die Grenze zwischen diesen geschmacklichen Gegensätzen markiert.

 Personen: 2  Zubereitungszeit 10 min
Koch- & Ruhezeit: 25 min  Scharf: Ja  Glutenfrei: Ja

ZUTATEN:

- 1 Süßkartoffel (50 g)
- 100 g Seidentofu
- 1 EL Kichererbsenmehl
- 50 g Sojasahne*
- 2 TL Johannisbrotkernmehl
- 1 ¼ TL Kala-Namak-Salz (Schwarzsalz)
- 1 TL Hefeflocken*
- 2 EL Pflanzenöl

AUßERDEM:

- 2 große Maistortillas (Rezept auf Seite 63)*
- 100 g Salsa verde (Grüne Soße; Rezept auf Seite 138)
- 100 g Salsa ranchera (Tomaten-Jalapeño-Soße; Rezept auf Seite 141)
- 200 g Bohnenmus (Rezept auf Seite 68)

* Hinweis: Glutenfrei, sofern keine glutenhaltigen Zusatzstoffe enthalten sind.

ZUBEREITUNG:

- Die Süßkartoffel schälen, würfeln, in einen Topf mit Wasser geben und ca. 20 Minuten weich kochen. Danach abgießen und abtropfen lassen.

- Für das vegane Eiweiß Seidentofu, Kichererbsenmehl, Sojasahne, 1 TL Johannisbrotkernmehl und 1 TL Kala-Namak-Salz in eine Schüssel geben, mit dem Stabmixer pürieren und beiseitestellen.

- Für das vegane Eigelb die Süßkartoffelwürfel, 1 TL Johannisbrotkernmehl, ¼ TL Kala-Namak-Salz, Hefeflocken und 2 EL Wasser in eine Schüssel geben, mit dem Stabmixer pürieren und beiseitestellen.

- Das Öl in einer beschichteten Pfanne bei mittlerer Hitze erhitzen. Pro veganem Ei 2–3 EL veganes Eiweiß hinzugeben und 20–30 Sekunden anbraten. Dann 1 EL vegane Eigelbmischung in die Mitte geben und bei geschlossenem Deckel 1–2 Minuten braten. Vorsichtig aus der Pfanne nehmen.

- Die Tortillas in einer Pfanne bei mittlerer Hitze nacheinander von beiden Seiten erwärmen und in einem sauberen Geschirrtuch warm halten.

- Salsa verde und Salsa ranchera jeweils in einer Pfanne bei mittlerer Hitze erwärmen.

- Die veganen Spiegeleier auf den Tortillas anrichten, eine Linie Bohnenmus zwischen die Eier geben. Eine Seite mit Salsa verde und die andere Seite mit Salsa ranchera beträufeln.

Quesadillas de Jamaica

Quesadillas neu entdeckt: Mit Hibiskusfüllung

Die Quesadillas de Jamaica bringen durch die Verwendung von rehydrierten Hibiskusblüten eine innovative Geschmacksnote in das traditionelle mexikanische Gericht. Die säuerlichen Blüten, kombiniert mit cremigem veganem Käse zwischen knusprigen Tortillas, bieten ein einzigartiges Geschmackserlebnis.

 Personen: 2  Zubereitungszeit: 5 min
Koch- & Ruhezeit: 20 min  4 Quesadillas

ZUTATEN:

- 20 g getrocknete Hibiskusblüten
- 1 weiße Zwiebel
- 2 EL Pflanzenöl
- Salz und Pfeffer
- 100 g veganer Reibekäse*

ZUM GARNIEREN:

- 1 Avocado
- geschrotete Jalapeño-Chilis (nach Belieben)
- Salz (nach Belieben)

AUßERDEM:

- 4 Weizentortillas (Rezept auf Seite 60)

* Hinweis: Glutenfrei, sofern keine glutenhaltigen Zusatzstoffe enthalten sind.

ZUBEREITUNG:

- 1 l Wasser in einen Topf geben und die Hibiskusblüten darin zum Kochen bringen. Den Herd ausschalten und die Hibiskusblüten 10 Minuten offen ziehen lassen. Das Wasser anschließend durch ein Sieb in einen Krug füllen (daraus kann Agua de Jamaica hergestellt werden; Rezept auf Seite 184).

- Mit einem Löffel das restliche Wasser aus den Hibiskusblüten pressen und die Blüten in kleine Stücke schneiden. Die Zwiebel schälen und fein hacken.

- Das Öl in einer Pfanne bei mittlerer Hitze erhitzen und die Zwiebeln darin leicht glasig dünsten. Die Hibiskusblüten zugeben und mitdünsten, bis sie etwas trockener sind. Mit Salz und Pfeffer abschmecken. Den veganen Käse hinzufügen und mitbraten, bis er geschmolzen ist. Die Herdplatte ausstellen.

- Die Tortillas in einer Pfanne bei mittlerer Hitze nacheinander von beiden Seiten erwärmen und in einem sauberen Geschirrtuch warm halten. Die Avocado halbieren, schälen und entkernen. Das Fruchtfleisch in Scheiben schneiden.

- Die Quesadillas mit der Hibiskusblüten-Füllung füllen, die Avocadoscheiben darauflegen.

- Nach Belieben mit etwas Jalapeño-Chili und Salz bestreuen und servieren.

Flan
Samtige vegane Karamellcreme

Flan ist ein Dessert, das für mich unweigerlich Erinnerungen an Familientreffen und besondere Momente weckt. Es ist das Lieblingsdessert meines Bruders Christian und meines Vaters Pepe. Ich erinnere mich besonders an unsere gemeinsamen Sonntagsbesuche im Restaurant San Angelin in Mexiko-Stadt, bei denen der Flan nicht fehlen durfte. Der zarte, cremige Geschmack und die süße Karamellsoße machten diesen Nachtisch zu einem unverzichtbaren Bestandteil unserer Familientradition. Für mich ist jeder Bissen ein köstlicher Genuss und eine Erinnerung an die kostbaren Momente, die wir gemeinsam verbracht haben.

Personen: 6

Zubereitungszeit 5 min
Koch- & Ruhezeit: 4,5 Stdn

Glutenfrei: Ja

ZUTATEN:

FÜR DIE KARAMELLSCHICHT:

- 100 g Kristallzucker

FÜR DEN FLAN:

- 1 Dose Kokosmilch (400 ml)
- 75 g Zucker
- 1 EL Guarkernmehl
- 240 ml Haferdrink*
- 1 EL Kichererbsenmehl
- 1 TL gemahlene Vanille

AUßERDEM:

- 6 Ofen-Schälchen

* Hinweis: Glutenfrei, sofern keine glutenhaltigen Zusatzstoffe enthalten sind.

ZUBEREITUNG:

- Für die Karamellschicht den Kristallzucker in einem kleinen bis mittelgroßen Topf bei schwacher bis mittlerer Hitze karamellisieren lassen. Dies dauert etwa 8–9 Minuten, bis er eine satte, goldene Farbe angenommen hat.

- Den Topf vom Herd nehmen und den Karamell gleichmäßig auf dem Boden der Ofen-Schälchen verteilen.

- Für den Flan Kokosmilch, Zucker und Guarkernmehl in einen mittelgroßen Topf geben und mit einem Schneebesen verrühren. Haferdrink, Kichererbsenmehl und Vanille in einen Mixer geben und gut durchmixen. Die Mischung mit in den Topf geben, gut verrühren und bei mittlerer Hitze 5 Minuten köcheln lassen. Etwas abkühlen lassen und anschließend in ofenfeste Schälchen füllen. Die Schalen für 4 Stunden in den Kühlschrank stellen, damit die Mischung fest wird.

- Die Schälchen kurz in eine größere Schale mit heißem Wasser stellen, sodass die Schälchen etwa bis zur Hälfte mit Wasser bedeckt sind. Mit einem kleinen Küchenmesser jeweils um den äußeren Rand fahren, um den Flan aus den Schälchen zu lösen.

- Den Flan vorsichtig auf einen Teller stürzen und sofort servieren.

Alegrias
Knusprige Amaranth-Riegel

Alegrias, auf Deutsch „Freuden“, sind traditionelle mexikanische Süßigkeiten aus gepufftem Amaranth, verfeinert mit Agavendicksaft und Zucker für eine natürliche Süße. Sie sind nicht nur ein köstlicher Snack, sondern auch Ausdruck der mexikanischen Tradition, in der der nahrhafte Amaranth eine zentrale Rolle spielt. Sie bieten ein perfektes Gleichgewicht zwischen gesunden Zutaten und Geschmack und sind ein Symbol für die Freude, die im einfachen Genuss des Essens liegt.

 Personen: 6
 Zubereitungszeit: 20 min
Koch- & Ruhezeit: 3 Stdn
 6 Stück
 Glutenfrei: Ja

ZUTATEN:

- 100 g Zucker
- 1 EL Agavensirup
- 3 Spritzer Limettensaft
- 50 g gepuffter Amaranth
- 30 g ungesalzene, gehackte Erdnüsse
- 15 g Rosinen

ZUBEREITUNG:

- Zucker, 40 ml Wasser, Agavensirup und Limettensaft in einem Topf bei mittlerer Hitze erhitzen. Rühren, bis der Zucker vollständig geschmolzen ist. Die Mischung einkochen, bis ein dickflüssiger Sirup entstanden ist. Anschließend lauwarm abkühlen lassen.

- Den Sirup mit dem Amaranth, den gehackten Erdnüssen und den Rosinen mischen. Darauf achten, dass die Zutaten gleichmäßig verteilt sind.

- Den Backofen auf 200 °C (Ober-/Unterhitze) vorheizen. Ein Backblech mit Backpapier auslegen.

- Die Mischung auf das Backblech geben und zu einem Quadrat formen. Ein weiteres Stück Backpapier darüber legen und das Viereck fest zusammendrücken. Dazu kannst du einen Pfannenwender verwenden und mit der Hand Druck auf den Pfannenwender ausüben, um ein kompaktes und festes Rechteck von 0,5 bis 1 cm Höhe zu erhalten. Das obere Backpapier entfernen und die Seiten des Rechtecks mit dem Pfannenwender glatt streichen.

- Im heißen Ofen (Mitte) 5–7 Minuten backen, bis die Masse leicht goldbraun geworden ist. Aus dem Ofen nehmen und mindestens 3 Stunden ruhen lassen, damit sie fest wird.

- Nach der Ruhezeit mit einem scharfen Messer in gleichmäßige Rechtecke schneiden. Jetzt sind die Alegrias fertig zum Verzehr! Bewahre sie luftdicht auf, damit sie frisch bleiben.

Arroz con leche
Cremiger Milchreis mit Zimt

Milchreis ist ein Gericht, das mir immer ein Lächeln ins Gesicht zaubert, weil es mich an meine liebe Großmutter Doña Aida erinnert. Sie ist eine fantastische Köchin und jedes Mal, wenn ich sie besuchte, gab sie mir gleich ein ganzes Kilo Milchreis mit nach Hause, damit ich immer etwas Leckeres zu essen hatte. Jeder Löffel dieses cremigen und köstlichen Reispuddings ist eine Hommage an sie und ihre liebevolle Fürsorge.

 Personen: 4  Zubereitungszeit 5 min
Koch- & Ruhezeit: 35 min  Glutenfrei: Ja

ZUTATEN:

- 100 g Milchreis
- ½ Zimtstange
- 500 ml Haferdrink*
- 30–50 g brauner Zucker
(je nach Geschmack variieren)
- 50 g Rosinen (nach Belieben)

ZUM GARNIEREN:

- gemahlener Zimt
- Weitere Toppings nach Belieben, z.B. frisches Obst oder Nüsse

* Hinweis: Glutenfrei, sofern keine glutenhaltigen Zusatzstoffe enthalten sind.

ZUBEREITUNG:

- In einem großen Topf den Milchreis die halbe Zimtstange und 250 ml Wasser mischen und 15 Minuten köcheln lassen. Den Haferdrink hinzufügen und weitere 10 Minuten kochen lassen. Den Zucker nach und nach zugeben und ab und zu probieren, bis die gewünschte Süße erreicht ist. Vorsicht, die Mischung ist heiß!

- Nach weiteren 10 Minuten den Topf vom Herd nehmen und die Zimtstange entfernen. Nach Belieben die Rosinen hinzufügen. Den Milchreis ein wenig abkühlen lassen. Wenn er zu dickflüssig ist, noch etwas Haferdrink hinzufügen.

- Den Milchreis nach Belieben warm oder kalt genießen. Vor dem Servieren mit etwas Zimtpulver bestreuen. Nach Belieben mit Früchten, Nüssen oder anderen Toppings garnieren.

Agua de Jamaica
Hibiskus-Eistee

Agua de Jamaica ist ein erfrischendes Getränk aus getrockneten Hibiskusblüten. Es ist durch seine tiefrote Farbe und seinen einzigartigen süß-säuerlichen Geschmack unverwechselbar. Oft eisgekühlt serviert, bietet dieser Eistee besonders an heißen Tagen eine erfrischende Abkühlung.

 Personen: 4  Zubereitungszeit: 2 min
Koch- & Ruhezeit: 12 Stdn  Glutenfrei: Ja

ZUTATEN:

- 20 g getrocknete Hibiskusblüten
- 25 g Zucker

AUßERDEM:

- Eiswürfel (nach Belieben)

ZUBEREITUNG:

- Hibiskusblüten mit 1 l Wasser in einen Topf geben und zum Kochen bringen. Dann den Herd ausschalten und die Hibiskusblüten 10 Minuten offen ziehen lassen.
- Anschließend durch ein Sieb in eine Kanne geben. Die Blätter entsorgen oder weiterverwenden (siehe Tipp). Zucker hinzufügen und alles gut verrühren.
- Den Eistee im Kühlschrank aufbewahren und nach Belieben mit Eiswürfeln servieren.

TIPP: Die Blätter kannst du weiterverwenden und Quesadillas daraus machen (siehe Rezept auf Seite 176).

Champurrado Heißer Schokoladentraum

Obwohl viele Menschen sofort an die Hitze Mexikos denken, gibt es in den Bergen, wo ich aufgewachsen bin, Tage, an denen es richtig kalt werden kann. Genau für solche Momente ist Champurrado perfekt: ein dickflüssiges, reichhaltiges Schokoladengetränk, das mit Maismehl angedickt und oft mit Zimt gewürzt wird. Meine Oma macht den besten Champurrado – ihr Champurrado ist für mich mehr als nur ein Getränk, es ist ein Stück Heimat und Wärme, das zusammenbringt und wärmt, egal wie kalt es draußen ist.

Glutenfrei: Ja

ZUTATEN:

- 4 EL Maismehl
- 960 ml Haferdrink*
- 4 TL brauner Zucker (nach Geschmack)
- 2 EL Backkakaopulver
- 1 Zimtstange

ZUM GARNIEREN:

- gemahlener Zimt (nach Belieben)
- Backkakaopulver (nach Belieben)

* Hinweis: Glutenfrei, sofern keine glutenhaltigen Zusatzstoffe enthalten sind.

ZUBEREITUNG:

- In einer kleinen Schüssel das Maismehl mit etwas Haferdrink verrühren, bis sich das Mehl vollständig aufgelöst hat. Dadurch wird verhindert, dass sich Klümpchen im Champurrado bilden. Den restlichen Haferdrink in einem Topf bei mittlerer Hitze erhitzen. Darauf achten, dass er nicht kocht.

- Das aufgelöste Maismehl, den braunen Zucker, den Kakao und die Zimtstange hinzufügen mit dem Schneebesen gut verrühren. Die Mischung unter ständigem Rühren weiter köcheln lassen, bis sie eingedickt ist und eine cremige Konsistenz hat. Dies dauert in der Regel etwa 10 Minuten. Zum Schluss die Zimtstange aus der Mischung entfernen.

- Den Champurrado in Tassen füllen und heiß servieren. Nach Belieben mit 1 Prise Zimt oder etwas Kakao bestreuen.

Agua de horchata
Erfrischendes Reiswasser

Agua de horchata ist ein Getränk, das unter anderem aus Reis hergestellt wird. Das erfrischende milchig-weiße Getränk hat eine süße, cremige Textur mit einem Hauch von Zimt, was es zu einem köstlichen Durstlöscher macht.

 Personen: 4  Zubereitungszeit 20 min
Koch- & Ruhezeit: -  Portionen: 1 l  Glutenfrei: Ja

ZUTATEN:

- 100 g weißer Reis
- 80 g rohe und ungesalzene Mandeln
- 1 kleine Zimtstange
- 2 Medjool-Datteln (entsteint; nach Belieben mehr)

AUßERDEM:

- Eiswürfel

ZUBEREITUNG:

- Den Reis, die Mandeln, den Zimt und 1 l Wasser in einen Mixer geben und so lange mixen, bis alles gut vermischt ist. Es ist normal, wenn ein kleiner Rückstand im Mixer zurückbleibt.

- Die Mischung durch einen Pflanzenmilchbeutel, ein Tuch oder ein sehr feines Sieb in eine Schüssel gießen und den Mixbehälter ausspülen. Die Mischung wieder zurück in den Mixbehälter geben, die Datteln hinzufügen und alles gut durchmixen.

- Anschließend probieren, ob das Agua de horchata süß genug ist. Wenn nicht, nach Geschmack noch mehr Datteln hinzufügen.

- Das Agua de horchata kann sofort mit Eiswürfeln serviert oder im Kühlschrank gekühlt und luftdicht verschlossen 3–5 Tage aufbewahrt werden.

Chelada Zitrusfrische Bierkreation

Eine Chelada ist ein beliebtes Getränk, das sich durch die einfache Kombination von Bier mit frischem Limettensaft und einer Prise Salz auszeichnet. Das erfrischende Getränk wird in einem Glas mit Salzrand serviert, der den Geschmack des Bieres auf einzigartige Weise ergänzt und unterstreicht.

Personen: 1

Zubereitungszeit 3 min
Koch- & Ruhezeit: 0 min

1 Chelada

ZUTATEN:

- 1 Limette
- 1 EL Salz
- 250 ml mexikanisches Bier (z. B. Corona)

ZUM GARNIEREN:

- Eiswürfel

ZUBEREITUNG:

- Die Limette halbieren und mit einer Hälfte den Rand eines Glases einreiben. Das Salz auf eine Untertasse oder einen kleinen Teller geben und den Glasrand eintauchen. Das Glas leicht drehen, damit sich das Salz gleichmäßig am Glasrand verteilt. Anschließend einige Eiswürfel in das Glas geben.

- Den Saft der anderen Limettenhälfte in das Glas pressen und mit dem Bier auffüllen.

- Sofort servieren.

Michelada
Würziges Bier mit Tabasco

Die Michelada ist bekannt für ihre würzige und erfrischende Note, die aus Bier, Limettensaft, Maggie-Würze, Worcestersoße, Tabascosoße und Tomatensaft besteht, die dem Getränk einen tieferen Geschmack und eine pikante Schärfe verleihen. Häufig wird die Michelada in einem Glas serviert, dessen Rand mit Chilipulver bestreut ist. Diese Kombination aus herben, sauren und scharfen Aromen macht die Michelada zu einem beliebten Katergetränk und zu einem perfekten Begleiter zu herzhaften mexikanischen Gerichten.

ZUTATEN:

- 1 Limette
- 1 EL Chili-Limetten-Pulver (Rezept auf Seite 145)
- 1 TL Maggie-Würze
- 1 TL Worcestersoße
- 1 TL Tabascosoße
- 4 cl Tomatensaft
- 250 ml mexikanisches Bier (z.B. Corona)

AUßERDEM:

- Eiswürfel

ZUBEREITUNG:

- Die Limette halbieren und mit einer Hälfte den Glasrand einreiben.
- Das Chili-Limetten-Pulver auf eine Untertasse oder einen kleinen Teller geben und den Glasrand eintauchen. Das Glas dabei ein wenig drehen, damit sich die Mischung gleichmäßig am Glasrand verteilt. Anschließend einige Eiswürfel in das Glas geben.
- Den Saft der anderen Limettenhälfte in das Glas pressen. Maggi-, Worcester-, Tabascosoße und Tomatensaft in das Glas geben und gut umrühren.
- Mit Bier auffüllen und sofort servieren.

Charro negro
Tequila in dunklem Cola-Mantel

Der Charro negro kombiniert Tequila mit Cola und frischem Limettensaft zu einem erfrischenden Cocktail, der in einem Glas mit Salzrand serviert wird. Diese Mischung schafft eine perfekte Balance zwischen der Süße der Cola und der Säure der Limette, während das Salz die Aromen hervorhebt. Dieser in der mexikanischen Trinkkultur beliebte Cocktail ist für seine Einfachheit und seinen unverwechselbaren Geschmack bekannt und ein Favorit bei geselligen Anlässen.

Personen: 1

Zubereitungszeit 1 min
Koch- & Ruhezeit: -

Glutenfrei: Ja

ZUTATEN:

- 1 Limette
- 1 EL Salz
- 6 cl Tequila
- 250 ml Cola

AUßERDEM:

- Eiswürfel

ZUBEREITUNG:

- Die Limette halbieren. Von einer Limettenhälfte 1 Scheibe abschneiden und für die Garnitur beiseitelegen. Mit dem Rest derselben Hälfte den Glasrand einreiben. Salz auf eine Untertasse oder einen kleinen Teller geben und den Glasrand hineintauchen. Das Glas etwas drehen, damit sich das Salz gleichmäßig am Glasrand verteilt. Anschließend einige Eiswürfel in das Glas geben.

- Den Saft der anderen Limettenhälfte in das Glas pressen. Tequila und Cola dazugeben und umrühren.

- Für die Garnitur die vorbereitete Limettenscheibe von der Mitte bis zum Rand einschneiden und auf den Glasrand stecken.

Paloma rosa
Fruchtige Grapefruit-Limonade mit einem Schuss Tequila

Paloma ist ein belebender mexikanischer Cocktail aus Tequila, Pink Grapefruit-Limonade und Limettensaft. Diese harmonische Kombination bietet eine perfekte Balance zwischen der Süße der Grapefruit-Limonade und der frischen Säure des Limettensaftes. Serviert wird der Cocktail auf Eis mit einem pikanten Chilipulverrand am Glas für zusätzliche Schärfe. Damit ist Paloma der ideale Drink für gesellige Anlässe, der durch sein erfrischendes, leicht pikantes Geschmacksprofil begeistert.

Personen: 1

Zubereitungszeit 1 min
Koch- & Ruhezeit: -

Scharf: Ja

Glutenfrei: Ja

ZUTATEN:

- 1 Limette
- 1 EL Chili-Limetten-Pulver (Rezept auf Seite 145)
- 6 cl Tequila
- 250 ml Pink-Grapefruit-Limonade

ZUM GARNIEREN:

- Eiswürfel

ZUBEREITUNG:

- Die Limette halbieren. Von einer Limettenhälfte 1 Scheibe abschneiden und für die Garnitur beiseitelegen. Mit dem Rest derselben Hälfte den Glasrand einreiben. Chili-Limetten-Pulver auf eine Untertasse oder einen kleinen Teller geben und den Glasrand eintauchen. Das Glas ein wenig drehen, damit sich die Mischung gleichmäßig am Glasrand verteilt. Anschließend einige Eiswürfel in das Glas geben.

- Den Saft der zweiten Limettenhälfte in das Glas pressen. Tequila und Grapefruit-Limonade dazugeben und umrühren.

- Für die Garnitur die vorbereitete Limettenscheibe von der Mitte bis zum Rand einschneiden und auf den Glasrand stecken.

WITHOUT END
RIC RIES

DANKSAGUNG

Während ich diese Zeilen schreibe, überkommt mich ein tiefes Gefühl der Dankbarkeit. Dieses Buch ist nicht nur das Ergebnis meiner Leidenschaft und Hingabe für die mexikanische Küche, sondern auch ein Spiegelbild der Unterstützung und Inspiration, die ich von so vielen Menschen erhalten habe.

An erster Stelle möchte ich meinen Eltern danken, die mir nicht nur das Kochen beigebracht haben, sondern auch die Liebe zum Essen und zur Kultur. Ihr habt den Grundstein für meine kulinarische Reise gelegt und mich immer wieder ermutigt, neue Geschmackswelten zu entdecken.

Meinem Bruder, der nicht nur meine persönliche Inspiration ist, sondern auch ein Beispiel dafür, was man mit Willenskraft erreichen kann. Deine Entschlossenheit und dein Ehrgeiz sind für mich ein ständiger Ansporn, meine Ziele zu verfolgen und niemals aufzugeben.

Aljosha, meinem ehemaliger Partner. Du hast mich auf meiner veganen Reise begleitet und warst eine unerschöpfliche Quelle der Inspiration und Motivation. Ohne deine Unterstützung hätte ich vielleicht nie den Mut gefunden, diesen Weg zu gehen.

Denise, deine Hilfe bei der Entwicklung der Rezepte war unverzichtbar. Deine Kreativität und dein kulinarisches Wissen haben wesentlich dazu beigetragen, dieses Buch zu dem zu machen, was es heute ist.

Nico, deine Fähigkeit, Geschichten mit Bildern zu erzählen, hat die Konzeptentwicklung zu Beginn dieses Buches überhaupt erst möglich gemacht.

Abori, dir und deinem Team ist es gelungen, die Gerichte mit so viel Liebe zum Detail und zur Kunst eindrucksvoll in Szene zu setzen.

Alexandra, deine sorgfältige Arbeit und dein Engagement haben entscheidend dazu beigetragen, dass dieses Kochbuch seine endgültige Form und Qualität erreicht hat.

An euch alle: Ohne eure Unterstützung, euren Glauben an mich und eure unermüdliche Hilfe wäre dieses Buch nicht möglich gewesen. Ich danke euch von ganzem Herzen für euren Beitrag zu diesem Traum, der nun Wirklichkeit geworden ist.

REZEPTREGISTER

Tostadas de „pulpo" vegano / Frische Tostadas mit Kräuterseitlingen 124

SALSAS: 127

Adobo al pastor / Gewürzpaste mit einer süßen, würzigen und leicht ruchtigen Note 133

Adobo chorizo / Rauchige Chorizo-Gewürzpaste 137

Adobo pibil / Gewürzpaste mit erdigen und Zitrusaromen 134

Mole poblano / Traditionelle Soße mit Schokolade und herzhaftem Geschmack 128

Pico de gallo / Topping aus frischen Tomaten und Zwiebeln 127

Sal, chile y limón / Chili-Limetten-Pulver 145

Salsa Macha / Scharfe Soße mit getrockneten Chilis 142

Salsa Ranchera / Scharfe Tomaten-Jalapeño-Soße 141

Salsa verde / Scharfe Soße aus grünen Tomaten 138

FRÜHSTÜCK 146

Chilaquiles verdes / Knusprige Tortilla-Chips in grüner Salsa 168

Enchiladas de camote / Enchiladas mit einer Füllung aus Süßkartoffeln 149

Enfrijoladas de champiñones/ Samtige Pilz-Enfrijoladas in Bohnencreme gehüllt 157

Enchiladas suizas / Reichhaltige, cremige überbackene Tortillas mit veganem Hühnerfleisch 152

Enmoladas de plátano macho / Gefüllte Tortillas mit süßen Kochbananen, verfeinert mit reichhaltiger Mole 160

Entomatadas de verduras / Tortillas mit saftiger Gemüsefüllung in Tomatensoße 165

Huevos veganos divorciados / „Geschiedene Eier" 175

Huevos veganos mexicanos / Mexikanische vegane Spiegeleier 172

Molletes / Überbackene Brötchen 146

Quesadillas de Jamaica / Quesadillas neu entdeckt: Mit Hibiskusfüllung 176

Tofu revuelto mexicanos / Mexikanischer Rührtofu 171

NACHTISCH: 179

Alegrias / Knusprige Amaranth-Riegel 180

Arroz con leche / Cremiger Milchreis mit Zimt 183

Flan / Samtige vegane Karamellcreme 179

GETRÄNKE: 184

Agua de Horchata / Erfrischendes Reiswasser 188

Agua de Jamaica / Hibiskus-Eistee 184

Champurrado / Heißer Schokoladentraum 187

Charro negro / Tequila in dunklem Cola-Mantel 195

Chelada / Zitrusfrische Bierkreation 191

Michelada / Würziges Bier mit Tabasco 192

Paloma rosa / Fruchtige Grapefruit-Limonade mit einem Schuss Tequila 196

IMPRESSUM

Mexiko Vegan | mexikanische Küche: authentisch, vegan, einfach und lecker!

Unter www.srlopez.com sind die verwendeten Gewürze im Shop zu finden.

Autor: Mathyas López Redetzki
Lektorat: Alexandra Baier
Gestaltung und Layout: MFL Design Studio
Food-Fotos: Ruben Abraham Carrasco García (Food Photography MX)
Portraits: Nico Scagliarino
Freepik: Seiten 1, 2, 3, 4
Adobe Stock: Seiten 12, 39, 45, 59, 87, 91, 95, 105, 115, 119, 123, 131, 151, 155, 159, 163, 167

Verlag:
Opposite of boring GmbH
Winterhuder Weg 29
22085 Hamburg

ISBN: 978-3-00-079918-1
1. Auflage 2024, Opposite of boring GmbH
www.oppositeofboring.de

Printed in Poland
by Amazon Fulfillment
Poland Sp. z o.o., Wrocław
01 September 2024

760a4b4d-2486-49c5-9c7b-d869a477311bR01